민가

* 본문 사진 제공: 청화 대학 건축학부 자료실

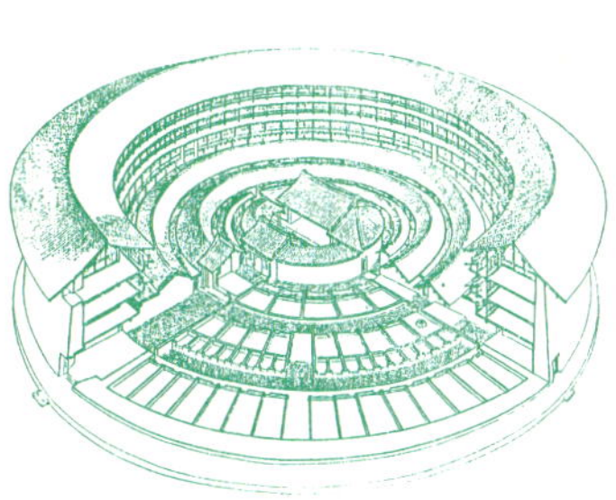

샨더치 지음
김창우 옮김

대가

차례

휘주(徽州)의 민가

서문

2000년 제24회 유네스코 세계유산 위원회의에서는 중국 안휘성의 오래된 마을인 서체(西遞)와 굉촌(宏村)을 정식으로 '세계문화유산목록'에 등재하기로 결정하였다. 그해 초봄에 세계유산 위원회의 위촉을 받은 일본의 전문가 오오카와 나오미(大河直躬) 박사는 이곳에 대한 현장 실사를 마친 후 "굉촌과 같은 경관을 가진 마을은 전 세계 어디에도 찾아볼 수 없다. 서체촌은 아직도 그림 같은 경치의 옛 거리를 보존하고 있는데 이는 세계적으로도 흔치 않다."고 높이 평가하였다. 그 전에는 1997년에 운남성의 여강(麗江) 고성과 산서성의 평요(平遙) 고성이 각각 세계문화유산으로 등재되었고, 유명한 강남 수향(水鄕)인 강소주장(江蘇周庄)도 현재 등재 신청 중이다. 중국의 전통 가옥이 잇달아 세계를 향해 그 베일을 벗으면서 중국이 세계화되고 세계가 중국을 이해하는 데 있어 큰 매개 역할을 하고 있다.

'현세 속의 도화원' 서체(西遞)

중국은 땅이 넓고 지형이 복잡하며 기후가 다양하다. 더욱이 수많은 민족과 다원화된 문화를 가지고 있어 전통 취락과 가옥의 형태가 다양하며 이채롭다. 이 책에서는 전통 가옥에서 생활하는 사람들의 생활 습관, 행동 특성, 공간 양식의 상호 작용이라는 측

사합원 영벽(촬영 이옥상(李玉祥))

면에서 비교적 대표적이며 널리 분포되어 있는 몇몇 취락을 선정하여 소개하였는데 이는 대체적으로 정원식(院落式) 가옥, 누거식(樓居式) 가옥, 혈거식(穴居式) 가옥으로 구분된다.

I

정원식 가옥은 중국에서 가장 보편적으로 볼 수 있는 가옥 형태로 사용되는 자재나 구조적 기술이 가장 선진적이고 구성 요소도 제일 풍부하며 '예(禮)'의 위계가 제일 복잡하고 장식도 가장 많은 유형이다. 어떤 의미에서 보면 이는 농경 사회에서 가장 진보적인 가옥 형태이면서 봉건 사회의 구조가 가장 잘 반영되어 있는 양식이라고 할 수 있다. 정원식 가옥의 가장 중요한 특징은 축선을 중심으로 대칭을 이루는 구조를 가지며 서열과 내외가 분명하다는 것이다. 주로 화북, 중원, 산둥 반도와 화남의 평원, 연해 지역에 분포되어 있으며 몇몇은 서남의 분지 평원 지역과 대만의 평원 지대에 분포되어 있다. 한족(漢族)이 모여 사는 지역과 한문화(漢文化)와의 교류가 밀접한 소수 민족 지역(백족(白族), 납서족(納西族) 등), 소수 민족 중 비교적 발전된 지역(장족(壯族), 이족(彝族) 등), 한족과 섞여 사는 소수 민족 지역(만족(满族), 회족(回族) 등)에서는 정원식 가옥이 일반적이다.

북경의 사합원(四合院)은 중국 정원식 가옥의 가장 대표적인 예이다. 국제적인 대도시로 발돋움하고 있는 북경은 도시 개발과 고성 안의 범위에 있는 25개의 호동(胡同)*과 사합원을 동시에 보호하는 법률을 제정하였다. 이에 북경은 공왕부(恭王府)** 저택에서 일반 서민들의 집까지 정원식 가옥인 사합원의 형태를 아주 완전하게 보존하고 있다. 대문만 보더라도 '내자방(奶子房)', '금주문(金柱門)', '광량문(廣亮門)', '여의문(如意門)', '만자문(蠻子門)' 등 박물관이라 할 수 있을 만큼 모든 종류의 대문을 볼 수 있다. 명청 시대의 진상(晉商)***들은 저택을 짓는 데 일가견이 있기로 유

* **胡同**: 후퉁이라 하며 골목을 의미한다.

** **恭王府**: 청나라 동치(同治) 연간에 공친왕 혁흔이 만든 전형적인 왕궁

*** **晉商**: 산서의 상인

좌 북경 사합원

우 운남 애뢰산(哀牢山) 지역의 토장방

* 건축 소품(建築小品)이라 하며 주 건물 주위에 지어진 작은 건축물로 일반적으로 주 건물 주변을 장식하여 분위기를 돋우며, 공간을 격리시켜 주 건물을 돋보이게 하는 것으로 사람들이 휴식을 취하거나 감상을 하기 위한 것이다.

** 錢庄: 옛날 개인이 운영하던 금융 기관

*** 穴居: 자연 동굴 혹은 약간의 인공을 가한 동굴 거주지

상 사합원의 채화(彩畵)와 조각 장식

하좌 사합원 대문

하우 산서 지역의 왕가대원(王家大院)

명하여 '삼진제일택(三晉第一宅)'이라는 말이 있을 정도였는데, 그 중 100여 개의 크고 작은 정원을 갖춘 영석현(靈石縣)의 왕가대원(王家大院)은 그 규모가 영화 「홍등(大紅燈籠高高掛)」으로 널리 알려진 기현(祁縣)의 교가대원(喬家大院)과는 비교가 안 될 만큼 훨씬 더 크다.

사합원은 북방 평원 지역에 매우 넓게 분포되어 있는데 비록 규모나 구성, 내부 장식, 정원 소품* 등에서 많은 변화를 보이긴 하지만 그 기본 형태는 공통적 특징을 갖고 있다. 예를 들면 유명한 산동 곡부(山東曲阜)의 공부(孔府)나, 유방(濰坊) 정판교(鄭板橋)[1]의 고택, 산서 평요고성(平遙古城)의 수많은 전장(錢庄)**의 저택 등을 들 수 있다. 시골 농촌이나 소도시에는 전형적인 사합원의 완전한 형태에 미치지 않는 삼합원(三合院)[2], 이합원(二合院)이 있는데 요녕, 길림 일대 만족(滿族)의 남향 주택, 산서, 섬서 일대의 '흙담집(土圍子)' 등이 그 예이다. 그러나 이들 모두 하나같이 대문, 담, 정원, 정방(正房)[3]과 상방(廂房)[4]을 갖추고 있어 일종의 합원(合院)으로 보아야 하며 정원식 가옥의 간결한 형식이라 하겠다. 정원식 가옥에는 수많은 변형된 형태가 있다. 예를 들어 혈거(穴居)***

휘주 가옥의 천정

생토 건축(生土建築)[5]에서 발전한 운남 곤명의 '일과인(一顆印)[6]' 주택이나 간란목루(干欄木樓)[7]와 정원이 어우러져 있는 안휘 휘주의 천정(天井)[8]식 가옥, 또한 특수한 역사적 지리적 환경 속에서 주로 외부로부터의 방어에 유리하게 지어진 복건 영정(永定)의 객가토루(客家土樓), 대만 대북 일대의 복건성과 광동성에서 이주한 사람들이 지은 '대조(大厝)[9]' 등이 있다.

정원식 가옥의 형태가 최초로 등장한 것은 진한(秦漢)[10] 시대로 후한(後漢)[11]의 화상전(畵像磚)에서는 비교적 완전한 형태가 보인다. '진전한와(秦磚漢瓦)[12]'라 불리는 기술과 봉건 농경 가정 형태의 완성, 그리고 예제(禮制)의 보급은 이러한 주택 문화의 보급에 밑바탕이 되었다. 이 가옥 양식은 기나긴 농경 사회에서 끈질긴 생명력을 보여주었다. 국학의 대가인 왕국유(王國維)[13]는 사합원의 특색에 대해 다음과 같이 상세하게 설명하였다. "무릇 집이라고 하는 것은 반드시 한 가족이 거처하는 방이 서로 가까워야 하는데 이래야만 서로의 정이 돈독해지고 서로 도울 수 있는 것

좌 복건 서부의 토루
우 요동 가옥

이다. 그런데 여러 개의 방이 서로 붙어 있으려면 사아(四阿)가 있는 집이어야 하는데 사아란 네 채를 말하는 것이다." "동서남북이 가운데 있는 마당을 중심으로 배치된 집의 형태는 법(法)에 가장 맞으며 쓰임(用)에 유리하고 보기에도 아름답다."(『명당묘침고(明堂廟寢考)』) 문학의 태두인 임어당(林語堂)[14]은 사회 심리학적 측면에서 중국인이 정원식 가옥을 선호하는 원인을 밝혔다. 즉 정원식 가옥은 고딕 양식 건축물의 첨탑처럼 하늘로 우뚝 뻗쳐있지 않고 중국 건축의 지붕처럼 땅에 납작하게 붙어 있으며, 이는 인간 생활에서의 화목과 행복에 대한 평가 기준을 제시해 준다는 것이다.

2

혈거식 가옥과 누거(樓居)*식 가옥은 자연 생태 측면에서 극히 선명한 지역적 특징을 갖고 있다. 이 두 종류의 가옥은 원시 건축의 특징을 가장 많이 보존하고 있는 건축 양식으로 중국의 서남부 산악 지대의 아열대 지역과 서북 황토 고원의 건조 지대에 집중적으로 분포되어 있다.

혈거식 가옥의 가장 전형적인 것이 '요동(窯洞)**'인데 중국 중서부, 하남성, 산서성, 섬서성, 감숙성에는 대량의 요동이 보존되

* **樓居**: 다층의 건물
** **窯洞**: 동굴집

어 있다. 하남성 서쪽, 섬서성 남쪽 평원 지역에는 '지갱요(地坑窯)*'라 불리는 양식이 있는데 동굴집 전체가 지면보다 낮고 한 구덩이가 수십 m^2 아래로 네모나게 깊이 파여 있으며 갱면을 따라 동굴을 파고 흙 계단 통로로 출입한다. 이 취락은 몇 가구에서 10여 가구가 모여 사는 특징을 보이는데 섬서성 서안(西安)과 가까운 거리에 있는 예천현(禮泉縣)에는 이러한 주거 형태가 온전하게 보전되어 있다. 언덕과 골짜기가 있는 지역에서는 '연애요(沿崖窯)'라는 주거 형태가 널리 퍼져있다. 이는 일반적으로 등고선을 따라 가로로 여러 층이 모여진 형태의 동굴로 천연의 산비탈에 동굴을 만들고 종종 몇몇 집끼리 서로 통하게 하였으며 동굴 바깥에는 흙벽돌로 담을 쌓았다. 산서 진중(晉中) 등의 지역에서는 '고요(錮窯)'라 불리는 일종의 혼합 양식이 많이 보이는데 이는 동굴 바깥에 1, 2층으로 된 아치형의 흙벽돌방이나 벽돌방을 만들고 담을 둘러쌓아 마당을 만든 형태이다. 이 취락은 여러 가지 형태로 조합할 수 있으며 내부 공간도 아주 널찍하다. 또한 대만 대중(臺中) 지역의 태아족(泰雅族)과 대남(臺南) 란서도(蘭嶼島)의 아미족(雅美族)이 모여 사는 지역에서는 아직도 반지하 혈거 형태의 가옥이 남아 있다. 이는 일반적으로 직사각형의 부지에 약 1.5m의 깊이로 자갈을 오목하게 깔고 윗부분은 나무로 틀을 짜 맞추어 대나무로 도리**를 삼아 망우초를 덮어 지붕을 만든 것인데 아주 자연스러운 느낌이 난다. 이러한 가옥 양식이 지금까지 전해 내려올 수 있었던 것은 현지의 주민들이 태풍이나 지진 등의 빈번한 재해에 대비하기에 적합했기 때문인 것으로 보인다. 또한 비록 공간에 제약이 있긴 해도 이러한 민가의 실내에는 반드시 한쪽에 신을 모시는 공간을 둔다.

요동이나 토축방(土築房), 토장방(土掌房), 더 나아가 중국 서부의

* **地坑窯**: 구덩이 동굴

** 서까래를 받치기 위해 기둥 위에 건너지르는 나무

장족의 조방(碉房)

건조 지역, 황무지 지대의 흙벽돌, 항토(夯土)*, 석체(石砌)** 등 생토로 지어진 가옥 즉 청해성 동부의 '장곽(庄廓)', 사천과 청해성, 신장 일대 장족(藏族)들의 '조방(碉房)***', 그리고 신장 카스(喀什) 지역의 고대(高臺) 가옥 등은 모두 생토 건축 가옥에 속하는 것들이다.

고고학과 인류학의 연구 성과에 의하면 혈거는 인류 최초의 주거 방식이었다. 사료에 따르면 B.C. 8000여 년 전 구석기 말기에 황토 고원의 조상들이 땅을 파고 주거지로 삼았다는 기록이 있다. 초기 혈거는 두 종류로 구분되는데 하나는 천연 동굴로 구석기 시대에 널리 유행하였던 것이며, 다른 하나는 대략적으로 신석기 시대 인류가 정착하면서 형성된 혈거 주거지이다. 그중 가장 주목할 만한 것이 서안 반파(半坡)의 앙소(仰韶) 문화 유적인데 이 주거지는 사각형이나 원형의 반지하 혈거 양식으로 천연 동굴 혈거에서 벗어난 지 얼마 안 된 시기의 것이 확실하다. 이는 인류가 산악 야생 지역의 군집 생활에서 평원의 정착 생활로, 수렵 채집 생활에서 농경지 개간 경작 생활로, 동굴에서 지상으로 옮겨가며 발전해가는 과도기였음을 보여준다. 반파 유적은 전통 가옥의 연구

* **夯土**: 흙을 형틀에 넣고 단단히 다져 만드는 기술

** **石砌**: 돌을 쌓아 만드는 것

*** **碉房**: 돌로 지은 집

나 조상들의 주거 환경을 이해하는 데 있어 가장 좋은 실례를 보여주기 때문에 국내외 각계 인사들의 주목을 받고 있으며 학자들뿐 아니라 관광객들도 끊이지 않고 찾고 있다.

3

간란천 두가목루(干欄穿斗架木樓)*는 누거식 가옥의 전형적인 예로 주로 서남부 아열대 지역의 소수 민족이 사는 산악 지역에 분포되어 있다. 이러한 누거 형식은 누거의 공간 형태와 조합, 산세에 의존하여 지탱하고, 매달거나 받치는 기술, 그리고 층 높이를 서로 다르게 잇는 기술과 목재를 이어 끼워 맞추는 장부 접합 기술**에서 극히 높은 수준을 자랑한다. 누거식 가옥은 소수 민족이 갖고 있는 선명한 민족 문화와 서로 결합하여 풍부하고도 깊은 물질문명과 정신문명을 일구어냈다.

전형적인 전통 간란목루는 전체가 나무로 되어 있다. 목조 뼈대, 나무 도리와 서까래, 목판 담장, 나무껍질 기와를 사용하며 장부 접합 방식으로 이어놓은 연결부에는 철 못이나 갈고리는 전혀 쓰지 않는다. 집의 평면은 직사각형이며 지붕은 양쪽이 기울어진 '현산식(懸山式)[15]'이고 2, 3층 정도는 빈 구조로 남겨두는데 집집마다 산비탈을 따라 모여 사는 경우가 많다. 운남 서쌍판납(西雙版納)의 태족(傣族) 자치주와 덕굉(德宏)의 태족 자치주의 가옥은 다량의 죽순대를 사용한 대나무 혼합 구조의 간란죽루로 특이한 점은 종려승(棕櫚繩)⁑과 등나무 덩굴로 대나무를 묶으며 지붕은 '공명모(孔明帽)'라 부르는데 제비 꼬리 형태의 천목(千木)⁂이 있는 '헐산식(歇山式)[16]'의 한 종류인 사면이 경사진 큰 지붕이다. 이 지역의 경파족(景頗族), 기락족(基諾族), 합니족(哈尼族) 등도 여전히 죽루에서 생활하고 있는데 개방된 아래층(架空層)의 높이와 흙벽돌,

---

* **干欄穿斗架木樓**: 천두식 구조는 중국 고대 건축의 목재 구조의 한 형식으로 기둥이 직접 도리를 지탱하며 대들보가 없어 '입첩식(立貼式)'이라고도 불린다.

** 묘순(卯榫)이라 하며 목재의 홈인 장붓 구멍과 돌출된 부분인 장부를 이용해 목조 건축물과 가구의 구재(構材)를 서로 연결하는 중국의 전통 건축 방식

⁑ **棕櫚繩**: 야자나무 껍질로 만든 밧줄

⁂ **千木**: 지붕 위의 양끝에 'x' 자형으로 짜서 돌출시킨 목재

간란천 두가목루

광서 삼강현 마안(馬安)채 고루

망우초, 기와지붕 등 건축 자재의 사용 여부, 그리고 토템 공양 등에서 비슷한 면이 있다. 운남의 죽루채에는 몇몇 독특한 점이 있는데 태족(傣族)의 마을에는 마을마다 우물이 있고 우물의 기단* 에는 정성스럽게 장식을 해놓았다. 심지어 지붕이나 석조 수호신상이 있는 곳도 있다. 태족은 씻는 것을 매우 중요하게 생각하며 '좋은 고기는 못 먹을지라도 집에는 좋은 물이 있어야 한다'는 말이 있을 정도로 물의 깨끗함을 중시하는데 이는 대대로 내려오는 전통 습관이다. 합니족의 마을 입구에는 대개 나무로 문틀을 짜서 마을로 들어가는 큰길 가운데에 설치하고 위에는 짐승 가죽으로 덮어 놓았는데 이는 점차적으로 새 모양의 조각으로 변형되었다. 일본학자인 토리고에 켄사부로(鳥越憲三郎)는 상세한 고증을 통해 일본 전통 건축의 토리이(鳥居)** 패방이나 일본 민가의 용마루에 있는 천목은 모두 운남에서 온 것이라고 결론지었다. 이 외에도 사천 서남쪽의 아미산(峨嵋山) 지역, 중경 지역과 광서성 서쪽 봉황(鳳凰) 일대의 산악, 물과 접해 있는 지역의 '적각루(吊脚樓)**', 대만 아리산(阿里山) 지역의 조족(曹族)과 대동(臺東) 비남족(卑南族)의

* 우물을 받치기 위해 흙이나 돌을 쌓고 다져서 단단하게 만든 받침 구조물

** **鳥居**: 일종의 패루식 문으로 신사로 통하는 큰길이나 신사 주위의 목책에 설치된 것

** **吊脚樓**: 수상 가옥이나 골짜기에 비스듬히 지어진 나무로 받침대를 만든 2, 3층의 계단식 집

'원죽루(圓竹樓)' 등은 그 건축 연원과 가옥의 기본 구조, 공간 이념 측면에서 대체적으로 누거식의 다른 형태라 할 수 있다.

소거(巢居)와 혈거는 중국 전통 가옥의 가장 원시적인 형태로 옛사람들은 간결하게 '남소북혈(南巢北穴)'이라 표현하였다. 최초의 문자 기록은 진나라 문인 장화(張華)[17]가 지은 『박물지(博物志)』로서 "남월(南越)의 소거 , 북삭(北朔)의 혈거는 한서(寒暑)를 피하기 위한 것이다."라 기록되어 있다. '간란(干欄)'이라는 명칭이 처음 기록된 것은 북제(北齊) 사람이 지은 『위서(魏書) · 요전(僚傳)』으로 여기에는 "나무에 의지하여 목재를 쌓아 그 위에 사는 것을 간란이라 한다."는 기록이 있다. 당송 이후의 문헌과 야사의 기록은 더 많다. 명나라의 서하객(徐霞客)[18]이 『서하객유기(徐霞客游記) · 월서유기(粵西游記)』에 기록한 목루채와 현존하는 전통 간란목루채는 거의 일치한다. 역사 기록과 고고학적 발견을 보면 간란목루 가옥은 중국의 절반을 차지하는 양자강 유역 이남 지역에서 크게

광서 동채 풍우교

절강 오진(烏鎭) 수상 가옥

유행했다는 것을 알 수 있다. 이 지역은 대부분 습기가 많고 무더우며 비가 많이 오는 산지대, 구릉이며 주변에 임목(林木)이 무성하고 벼농사를 지으며 집단 정착 생활을 하였다. 또한 이 가옥 건축에는 선진적인 벌목, 가공, 조각 기술이 사용되었다. 이 지역은 역사적으로 '백월(百越)'이라 통칭되었는데 다시 강절(江浙) 일대의 '우월(于越)', 복건(福建) 일대의 '민월(閩越)'과 환공(皖贛) 일대의 '산월(山越)' 등으로 세분된다. 간란 주거 문화는 백월의 공통된 특징이며 취락의 토템, 마당, 입구와 구조, 그리고 각 소수 민족의 풍속 습관이 서로 어울려 전승해 내려온 것이 오늘의 남방 지역, 특히 서남 지역의 다양한 형태의 수많은 민가 취락이다.

여기서 지적해 둘 것은 인구가 증가하고 임목 자원이 급격히 감소하면서 벽돌기와 등과 같은 건축 재료의 보급과 기타 다른 이유로 인하여 남방의 한족과 평원 지역의 소수 민족 가옥은 간란목루에서 여러 가지 변종이나 새로운 형태의 양식으로 점점 발전하게 되었다는 것이다. 절강(浙江)의 수상 가옥, 안휘(安徽)의 천정식 가옥, 복건 남부의 토루(土樓), 곤명(昆明)의 일과인 가옥 등이 그 예이다.

중국의 전통 가옥은 자연과 최대한 어우러져 있으며, 간혹 자연에 인위적으로 손을 대는 경우도 자연과 좀 더 융화하기 위해서이다. 가옥의 집합체인 전통 취락이 생겨나고 발전하는 과정에서 충분하고도 적절하게 자연 생태 자원을 이용하면서 자원을 가급적 절약하였고 이수(理水)*를 중요시하였다. 또한 각 지역에서 생산되는 건축 재료를 충분히 사용하고 자연의 기온차를 이용해 한서(寒暑)를 피하는 등 세밀한 부분에서도 생태 균형을 중시하는 천인합일(天人合一)의 생태관을 볼 수 있다. 중국 가옥의 형태는 풍부하면서 번잡하지 않고 절묘하면서 작위적이지 않은데, 이는 이를 만든 대다수 사람들이 농경으로 삶을 영위하고 대자연 변화의 법칙을 따르려 했다는 데 그 이유가 있다. 그들은 예로부터 대비 속의 어울림, 점진적인 변화 속의 운율, 아침과 저녁이 끊임없이 반복되는 일상의 삶을 중시하였기 때문에 짙은 향토 전원의 분위기를 만들어낸 것이다. 그 특징은 다음과 같다.

첫째, 자연의 아름다움을 최대한 살렸다. 중국의 가옥은 밝은 햇살, 그윽한 달빛, 청명한 하늘, 우거진 숲과 같은 경치와 어우러져 발전하여 왔으며, 자연의 아름다움을 최대한 살렸다는 점에서 한층 더 음미할 만한 가치가 있다. 중국 가옥에서 인공적으로 창조한 아름다움에는 모두 의미를 부여하기 위해 억지로 갖다 붙인 것이 드물다. 가옥의 모습, 색채, 질감, 음영(陰影) 등은 거의 모두 기능과 재료, 구조가 밀접하게 결합한 것이다. 예를 들어 마두장(馬頭牆)[19] 방화벽, 문조(門罩)[20] 차양과 용마루의 틀을 기와로 막아

* **理水**: 중국 전통 건축인 원림(園林)의 수경(水景) 처리

절강 소흥(紹興) 가옥

좌 '계퇴(鷄腿)' 목루

우 뒤로는 산을 끼고 앞으로는 강을 면하는 위치

놓은 부분, '계퇴(鷄腿)*'의 습기를 막아주는 목루 공간 등이 그것이다. 가옥의 구성 요소와 장식은 처음부터 실용적인 필요에서 출발하였고 이 때문에 원초적이고 자연스러우며, 유기적이고 질박한 개성을 갖게 되었다. 그 소박한 아름다움과 생동감 있는 미학은 어떠한 인위적인 것으로도 흉내 낼 수 없는 것이다.

둘째, 유연한 적응성과 무질서 속의 질서를 갖고 있다. 여러 가옥 형태를 구성하는 데 있어 가장 중요한 것이 건축 재료이다. 향토 가옥은 현지에서 재료를 구해다 쓰는데 산의 나무, 들판의 흙, 물가의 돌, 밭의 풀 등을 사용하기 때문에 하나하나의 가옥이 마치 대지에서 태어나고 생장하는 듯하며 자연환경과 유기적으로 어울려 일체를 이룬다. 이들 가옥은 산세(山勢)에 기대어 매달 것은 매달고 받칠 것은 받쳐주며 서 있는데 간란목루가 가장 대표적인 사례이다. 민가 취락의 배치를 보면 강과 계곡에 있는 것은 물줄기를 따라 들어서 있고, 산과 구릉에 있는 것은 산세에 의지하고 있으며, 평지에서는 모여 있고 평지가 아닌 곳에서는 흩어져 있다. 보기에는 무질서한 것 같지만 그 속에는 자연에 순응하고 각 지역의 환경에 유연하게 따르는 큰 질서가 숨겨져 있다.

셋째, 조화롭되 개성이 있다. 이러한 특징은 주거 환경에 대한

* **鷄腿**: 간란목루를 말한다. 맨 밑 가공(架空) 층의 기둥이 마치 닭 다리와 같다고 하여 붙인 이름이다.

다양한 요구를 잘 충족시키고 있다. 한 지역의 가옥 형식은 대체적으로 같은 재료나 구조와 공간, 평면의 구성 등으로 인해 비슷한 색채, 질감, 형상 내지는 건축의 동일한 상징적 형태를 가지게 되어 '동질성'을 보여준다. 그러나 서로 비슷한 가운데에서도 다양한 개성을 가지고 있는데 이는 주로 각 조형원소(造型元素)가 어떻게 조합, 구성되었는지와 각 건축물이 가지는 기예의 세밀한 변

마두장의 운율

복건 서부의 오봉루

조화로우면서도 개성이 있는 민가 취락

화에서 드러난다. 이는 또한 중국 전통 문화 예술의 전체적인 조화 속에서의 독특한 개성을 보여주는 것으로 서로의 차이를 부각시켜 감상 가치를 더욱 높여준다.

향토 민가 건축은 궁전, 사원, 문인 사대부의 저택 등 도시 건축과는 상대적인 것으로 이는 방언 속요(方言俗謠), 각종 풍물놀이, 민속 복식, 지역적 정취, 민간 고사, 그리고 '대아복(大阿福)*', 포로호(布老虎)**, 종이 자르기, 당호호(糖葫芦)*** 등 민속 전통과 함께 소위 민간 문화(俗文化)를 이루고 있다. 이들 민가는 극히 질긴 생명력을 갖고 농촌와 시정(市井)의 최하층 사회에서 자라나고 발전하였으며, 대다수 민중들이 이러한 건축물을 만들고 여기에서 살며 대대로 전승하여 내려왔다. 전통 민속 문화는 한 민족, 한 지역의 사회와 자연 생태, 더 나아가 사람의 생활과 밀접한 관계를 가진다. 이들 가옥이 활력을 갖고 면면히 이어 내려올 수 있었던 이유는 매우 간단하다. 대다수의 민중들은 생존과 더 나은 삶을 위해 제한된 수단과 자본을 가지고 삶의 본모습과 자신들의 염원에 따라 생활공간을 만들어왔기 때문이다.

중국의 민가에는 중화 민족의 역사가 반영되어 있으며 대다수 중국 민중들의 성실함, 지혜와 이상이 녹아있다 해도 과언이 아니다. 중국 전통 건축에서 화려한 것으로는 황성, 궁전, 대저택이 있고 고상한 것으로는 원림, 서원, 사원이 있다. 하지만 이들의 정신적, 육체적 '뿌리'는 풍부하고 깊은 내면적 가치를 지닌 민가에 있다.

– 단덕계(單德啓) | 교수

---

* **大阿福**: 중국의 전통 소조 예술로 윤이 나는 둥근 얼굴과 수려한 용모의 통통한 인형

** **布老虎**: 중국 전통의 민간 완구로 천으로 만든 호랑이인데 벽사(辟邪)의 의미를 갖는다.

*** **糖葫芦**: '탕후루'라 하며 각종 과일을 꼬치에 꽂아 뜨겁게 끓인 설탕물을 발라 굳게 만든 중국 동북 지역의 간식이다.

1| **정판교**(鄭板橋, 1693~1765): 청대의 저명한 시인이자 화가. 양주팔괴(楊州八怪)의 한 명으로 꼽힌다.

2| **삼합원**(三合院): 세 채(이합원(二合院)은 두채)의 건물과 담으로 둘러싸인 마당이 있는 가옥을 말한다.

3| **정방**(正房): 마당인 중정(中庭)에 붙어 있고 남쪽을 향하고 있는 가장 중요한 건물로 한국 가옥의 본채에 해당된다.

4| **상방**(廂房): 동서 양쪽의 건물로 한국 가옥의 곁채에 해당된다.

5| **생토 건축**(生土建築): 흙을 건축 자재로 하여 직접 만들어 지은 건축물이다.

6| **일과인**(一顆印): 평면(平面)은 사각형이며 정방, 상방과 정방의 맞은편에 담벼락과 함께 붙어 있는 방인 도좌방으로 이루어져 있고 기와를 얹은 토담이 있다. 건축물이 마치 도장처럼 빈틈없이 네모나게 배치되어 있어 도장 하나라는 뜻의 '일과인'이라 부른다.

7| **간란목루**(干欄木樓): 고대 중국에서 목재를 사용하여 지은 건축 양식으로 주로 남방에 분포되어 있다.

8| **천정**(天井): 중국 전통 건축에서 공간이 비교적 협소하고 주위 건물이 높은 정원을 일반적으로 천정이라 부르는데 남방의 습열 지역에서 많이 보이며 건축물의 통풍에 유리하다.

9| **대조**(大厝): 붉은 벽돌 담장, 비스듬한 지붕, 활처럼 휘어진 방화벽으로 이루어진 정원식 가옥을 말한다.

10| **진한**(秦漢, B.C. 221~A.D. 220): 진시황이 세운 중국 최초의 통일 왕조인 진나라와 초한지의 주인공 유방이 세운 한나라로 이 두 왕조는 고대 중국의 기틀을 세웠다.

11| **후한**(後漢, 25~220): 황실의 외척이었던 왕망이 세운 신(新)나라를 무너뜨리고 복원된 왕조. 하지만 외척과 환관의 득세로 멸망한다.

12| **진전한와**(秦磚漢瓦): 진나라의 벽돌, 한나라의 기와를 말한다.

13| **왕국유**(王國維, 1877~1927): 청나라의 문학자이자 고증학자로 신해혁명 때 일본으로 망명하였다.

14| **임어당**(林語堂, 1895~1976): 중국의 작가이며 문명비평가로 노신과 함께 신문학운동을 전개하였다.

15| **현산식**(懸山式): 현산은 도산(挑山)이라고도 하는데 이는 앞뒤가 경사지고 도리가 양측면의 산장(山牆) 바깥으로 돌출된 지붕으로 옆에서 봤을 때 '人'자형으로 기울어진 두 개의 판이 붙은 지붕을 말한다. 이는 한국의 맞배지붕이나 박공지붕에 해당하며 산장이란 지붕 측면의 박공 밑의 'ㅅ'자 모양의 벽으로 박공벽이라고도 한다.

16| **헐산식**(歇山式): 앞뒤 두 개의 크게 경사진 처마와 양측의 얕게 경사진 처마, 양측에 합각(合閣)이라 부르는 삼각형 부분으로 이루어진 지붕으로 천안문 성루도 헐산식 이중 처마이다. 이는 한국의 팔작지붕에 해당한다.

17| **장화**(張華, 232~300): 완적(阮籍)에게 문재(文才)를 인정받아 위조(魏朝) 때 중서랑(中書郎)에 올랐고, 진(晉)의 무제(武帝) 때 오(吳)나라 토벌에 공을 세워 무후(武侯)에 봉하여졌다. 화려한 시문으로 유명하며 『여사잠(女史箴)』, 『잡시(雜詩)』, 『정시(情詩』, 『여지시(勵志詩)』 등을 저술하였다.

18 **서하객**(徐霞客, 1587~1641): 명나라 때의 저명한 지리학자이다. 여행 중 쓴 일기를 모은 『서하객유기』가 유명하다.

19 **마두장**(馬頭牆): 불길을 막는 산장으로 건물 양측의 담이 지붕보다 높게 만들어진 양식으로서 다른 건물의 화재가 본 건물에까지 미치는 것을 막기 위해 만든 것이다.

20 **문조**(門罩): 건물 입구 위에 벽면 밖으로 돌출되어 나온 부분으로 비를 막는 작은 차양과 비슷하며 햇볕을 가리고 비를 막는 역할과 장식의 기능을 한다.

제1장 • 푸른 산, 맑은 물 그리고 휘주 가옥

– 안휘(安徽) 남부 촌락에 대한 만담(漫談)

* **徽墨**: 휘주에서 생산되는 유명한 먹

** **歙硯**: 강서성 무원에서 생산되는 유명한 벼루

"꿈에서 조차 휘주(徽州)에 가보지 않은 것이 일생에 가장 안타까운 일이다(一生痴絶處, 無夢到徽州, 탕현조(湯顯祖))[1]." 중국 지도를 펼쳐보면 안휘성 남부 황산(黃山) 기슭 신안강(新安江) 주변에 찬란한 문화와 오래된 역사가 온전하게 보존된 지역이 있는데 이곳이 바로 휘주이다.

'휘주'라는 명칭은 원(元)[2]나라 때 '휘주로(徽州路)'를 설치하면서 처음 사용되기 시작하였다. 오늘날의 휘주는 행정 단위가 아닌 하나의 문화권을 뜻하며, 여기에는 안휘성(安徽省)의 흡현(歙縣), 휴녕(休寧), 기문(祁門), 적계(績溪), 이현(黟縣)과 강서성(江西省)의 무원(婺源) 등 여섯 개 현이 포함된다.

휘주 지역은 2000년에 달하는 긴 역사를 가지고 있는데 남송(南宋)[3] 이후부터 흥성하기 시작하여 명(明)[4]과 청(淸)[5]대에 전성기를 맞이하였다. 휘주에서는 선진적인 경제, 기술과 찬란한 예술, 문화가 발전하였는데 정주이학(程朱理學)[6], 신안화파(新安畫派)[7], 사대휘반(四大徽班)[8]이 태어났고, 화선지, 휘묵(徽墨)*, 흡연(歙硯)**이 많이 생산되며 공예, 출판, 의학도 매우 발달하였다. 그러나 휘주에서 가장 유명하고도 특색 있는 것은 바로 휘주의 건축이다. 휘주 전통 건축 문화는 규모가 매우 크고 완정(完整)하며, 선명한 개성을 갖고 있으면서도 자연에 융화되어 있고, 다양한 양식을 가지고 있지만 조화로운 일체감을 형성하고 있다. 또한 그 유형이 풍부하고 다양하지만 나름대로 체계를 갖추고 있으며 정교하고 화려한 공예를 자랑하면서도 전체적으로는 소박하고 참신한 느낌을 자아내 국내외의 건축계가 주목하는 진귀한 유산이 되었다.

산과 물의 휘주 – 수향(水鄉) 굉촌(宏村)

휘주는 수려한 산과 맑은 물, 그림 같은 경치를 자랑하는데 이곳의 가옥은 이러한 환경과 최대한 어울려 이곳 산수의 특색을 잘 살리

좌 배산임수의 굉촌

우 굉촌 중심에 있는 월소

고 있다. 휘주의 촌락은 전체적 짜임새를 중시하였는데 부지 선정이 뛰어나며 풍수를 고려한 빈틈없는 구조를 가지고 있다. 건물들은 부음포양(負陰抱陽)*의 형세를 취하였고, 산세에 의지하고 물을 이용하는 등 각각 환경에 맞추어 유연하게 지어졌으며, 평지에서는 모여 있고 평지가 아닌 곳에서는 따로 떨어져 있다. 그중 가장 전형적인 예가 바로 세계문화유산의 하나인 수향 굉촌이다.

굉촌은 휘주의 여섯 개 현 중 하나인 이현에 있다. 이현은 진(秦)[9] 나라 때에 처음 생겼는데 옆에 인접한 흡현과 함께 진시황이 설치한 중국 최초의 현으로써 2200여 년의 역사를 가지고 있다. 이현은 황산의 서남쪽에 있으며 경내(境內)에는 산들이 첩첩히 이어져 있고 계곡이 굽이굽이 돌아 흐른다. 교통이 불편한 관계로 지금까지도 여전히 대다수 민가 취락과 명청 시대의 가옥 3,000여 채가 완전한 형태로 보존되어 있다. 현내(縣內)의 대표적인 곳이 유네스코가 세계문화유산으로 지정한 수향 굉촌과 도원(桃源) 서체(西遞)이다.

굉촌은 이현 북부에 위치해 있는데 북쪽으로는 뇌강(雷崗)을 이고

* **負陰抱陽**: 음(陰)에 속하는 북쪽을 등지고 양(陽)에 속하는 남쪽을 향하는 것

있고 남쪽으로는 양잔하(羊棧河)를 안고 있어 풍수에서 말하는 부음포양, 배산임수의 조건을 갖추고 있다. 굉촌의 가장 큰 특색은 바로 마을 전체를 휘감고 있는 인공 수계(人工水系)이다.

굉촌은 남송(南宋) 소흥(紹興)[10] 원년(1131)에 생겼으며 명초 영락(永樂)[11] 연간에 마을 내에 수로가 대규모로 만들어졌다. 이때 약 358m 길이의 수로를 파고 구불구불하게 각 집 앞을 지나가게 한 다음 맨 마지막으로 마을 중심에 있는 씨족의 조상을 모신 사당 앞의 반달 모양의 연못인 '월소(月沼)'로 모여들게 하였다. 150년 후에는 마을 남쪽에 700m²에 달하는 큰 연못인 남호(南湖)를 또 만들었는데 이때부터 지금까지 400년이 흐르는 동안 굉촌은 이 수로 체계를 완전하게 보존하여 왔으며 지금도 마을 사람들이 매일 사용하고 있다.

수로의 입구는 마을 서북쪽의 약간 높은 지역에 있는데 마을 사람들이 이곳에 돌 제방을 쌓고 갑문을 설치하여 굉촌 팔경의 하나인 '석갈형파(石碣瀠波)'가 되었다. 갑문은 저수지의 입구이면서 마을 전체 수계(水系)의 시작점이다.

수로는 넓이가 60cm, 깊이가 약 1m로 서북쪽에서부터 굽이굽이 돌아 마을의 거리를 관통하여 동남쪽을 향하여 흘러간다. 맑은 물줄기는 자유롭게 이리저리 굽이쳐 맨 마지막에 마을의 중심인 월소에 다다른다. 월소는 북쪽은 직선, 남쪽은 곡선으로 되어 있어 마치 반달처럼 생겼으며 왕씨(汪氏) 종사(宗祠)의 정 남문 앞쪽에 있다. 전체 수로는 마치 혈맥과 같이 마을을 돌며 마을 전체에 정신적 물질적인 활기를 불어넣어 준다. 수로는 세탁, 소방, 배수, 온도 습도 조절 등의 기능을 가질 뿐 아니라 이 마을에 있는 석판로(石板路)*, 원림(園林), 광장문루(廣場門樓)와 함께 다채롭고 특색 있는 경관을 이루고 있으며 마을 사람들에게 휴식과 교류의 공간을 제공해준다. 굉촌을 거닐어 보면 졸졸 흐르는 물 위의 하얀 담장과 검은 기와, 푸른 산과 하늘이 한눈에 들어온다. 고풍스러운 석판로는 심택대원(深宅大院)[12], 정자와 누각까

* **石板路**: 돌판을 보도블록처럼 깔아 놓은 길

지 이어져 있다. 마을 남쪽에 있는 남호(南湖)는 봄의 버드나무와 여름의 연꽃, 가을 단풍과 겨울의 설경 등 사계절마다 색다른 기막힌 풍광을 선사한다. 수로는 각 집의 문 앞뿐 아니라 정원에까지 연결되어 작은 수정원(水庭園)*을 만들어 주어 집집마다 대자연의 기운을 불어넣어 준다.

* **水庭園**: 물이나 연못이 있는 정원

수로 입구에서 수로, 월소, 남호, 그리고 각 집의 수정원까지 서로 이어지는 전체적인 수계(水系)는 마을의 영혼이라 할 수 있으며 이로 인하여 마을의 전체적인 산수 환경, 거리, 건축물, 풍경, 작은 볼거리들과 주민들의 생활, 문화, 휴식이 완전한 유기체를 이루게 된다. 핑촌은 인간이 대자연과 조화롭게 살아가는 모습을 보여주는데, 자연은 단순히 인간이 개발하고 이용하는 대상이 아니라 우리의 삶과 떼어놓을 수 없는 한 부분이라는 것을 깨닫게 된다.

흑(黑)과 백(白)의 휘주 – 도원(桃源) 서체(西遞)

휘주 건축물의 가장 뚜렷한 특징으로는 검은 기와와 하얀 벽으로 이루어진 점선면(點線面), 흑백과 회색의 유기적 조합을 들 수 있다. 이는 마치 푸른 산과 물을 배경으로 한 한 폭의 수묵화처럼 청아하면서도 고상하다. 휘주 가옥의 하얀 벽은 원래 장식이 아닌 환경에 적응하기 위한 일종의 필요에서 나온 것으로 벽에 하얀 칠을 하면 습기를 막고 햇볕도 반사시킬 수 있기 때문이었다. 명 만력(萬曆)[13] 연간에 쓰여진 지서(志書) 『휴녕현지(休寧縣志)』에 보면 "하얀 석회를 칠하여 습기를 막는 것은 일부러 돈을 들여 장식

서체촌의 부분 조감도. 흑백 점선면의 유기적 구성

한 것이 아니다."라는 기록이 있다. 후에 중국 수묵산수화 황산화파(黃山畵派)의 영향을 받으면서 이러한 흑백의 미학은 점점 높이 평가받게 된다. 이러한 흑와백장(黑瓦白牆)의 문화가 일찍이 흥성한 원인 중의 하나는 바로 휘주의 발달한 문화와 수많은 문인들의 차분하면서 청아한 심미적 취향 때문이기도 하다.

서체 마을은 '현세의 도화원(桃花源)'이라 칭송되는데 이현 현성(縣城)에서 동쪽으로 8km 떨어진 곳에 자리 잡고 있다. 마을 안에는 동쪽에서 서쪽으로 관통하여 흐르는 두 개의 시내가 있어 마을을 서체라 부른다. 이 마을의 전체적인 모습과 환경은 지금까지 완전하게 보존되어 있다.

서체는 호(胡)씨 성을 가진 사람들이 모여 사는 곳으로 마을에는 수많은 거리와 골목이 다양하게 얽혀있으며 집들은 평온하면서 정감이 있다. 이들 거리는 교통뿐 아니라 서로 오가며 교류하는 공간이기도 하다. 이곳에서는 들쑥날쑥하게 세워진 마두장이나 정교하게 조각된 문조(門罩), 공문(拱門)[14]과 권문(券門)[15]을 도처에서 볼 수 있다. 또한 매우 다양한 모습의 누창(漏窓)[16]과 점창(點窓)[17], 생기 넘치는 푸른 분재 조경도 자주 볼 수 있다. 거리에서 정원으로, 정원에서 천정(天井)으로 연결되는 공간의 리듬은 매우 역동적이다. 마을 안에는 가옥들이

서체촌의 전체 조감도

쭉 이어져 있고 사당, 수루(繡樓)*, 패방(牌坊)이 들어서 있다. 주변에는 나무와 시내가 있고 논밭과 굴뚝에서는 연기가 피어올라 생기 넘치는 풍경을 보여준다. 서로 다른 방향으로 비스듬히 얹혀져 있는 검은색 지붕과 넓은 면적의 하얀 마두장이 어우러져 매우 돋보인다. 거리는 구불구불하며 건물의 방향도 제각각이다. 게다가 각 집들의 높이, 층수, 규모도 서로 달라 유기적인 변화를 보여주고 있다. 그러나 사용된 자재와 기본 구성 방식은 놀라울 정도로 비슷하여 일관된 스타일을 갖고 있으면서도 다양하고 풍부한 마을의 경관을 이루게 된다.

건물의 실내 색깔은 외관에 비해 더욱 다채롭다. 호화 저택은 일반적으로 빨간색의 대들보와 기둥을 쓰며 주요 목각 장식 부분에는 금칠을 하였다. 문인들의 집에서는 옻칠을 한 나무의 원래 색깔을 그대로 살린 창문과 가구를 사용하였다.

사실 휘주식 가옥들은 자연이 가진 색채를 그대로 살리지 않아 푸른 산수(山水)와 선명한 대비를 이루고 있다. 그러나 자신만의 기준을 가지고 유기적인 변화를 주면서 풍부한 조합을 만들어냈고 흑백과 회색 자체의 고상함과 포용성으로 산수의 자연 색채와 적절한 대비를 이루어 산수와 건축이 서로 더욱 돋보이게 한다.

* **繡樓**: 예전에 시집을 안 간 처녀들이 따로 쓰던 방을 말한다.

비 오는 날의 정감(呈坎)촌 명대 주택 천정. 전형적인 사수귀당으로 높고 좁은 천정이 깊은 정취를 자아낸다.

허(虛)와 실(實)의 휘주 – 천정(天井)과 마두장(馬頭牆)

휘주의 전통 가옥은 명대에 이르러 전성기를 맞이하는데 가장 전형적인 것이 '사수귀당(四水歸堂)[18]'이라 불리는 합원(合院) 건축으로 이는 일종의 허실상생(虛實相生)의 건축 양식이다. 휘주 가옥은 내향적인 성격을 띠는데 방범을 위해 크고 높은 담장이 있으며 환기를 위한 조그만 창문만 달려 있다. 대다수 가옥은 서로 붙어 있으며 가옥과 가옥 사이에는 방화벽을 높게 세워 불길을 막고 화재가 번지는 것을 방지하였는데 이 벽의 끝부분에 말머리 같은 조각물을 만들어 놓아 마두장이라 부르게 되었다. 마두장이 빚어내는 휘주 가옥의 전반적으로 폐쇄적 외관은 '실(實)'의 측면이다. 그러나 건물 내부에서는 천정을 통해 자연과 교류한다. 대부분 건물에는 각양각색의 천정이 있는데 천정 안으로 수많은 식물과 분재가 있어 주민들의 삶의 숨결을 느낄 수 있다. 이것이 '허(虛)'의 측면이다. 휘주 가옥은 허실(虛實)의 상생(相生)을 통해 예술과 삶이 완전하게 어우러진 경지를 보여준다.

휘주 가옥의 천정은 북방의 사합원과는 전혀 다르다. 휘주 지역 토착민들은 '고월인(古越人)'으로 이들은 선진(先秦) 시기에 양자강 중하류 남쪽에 거주하던 오래된 민족이다. 전하는 바에 따르면 고대의 치수영웅인 대우(大禹)의 후예라고 하며 이들의 주거 특징은 '소거(巢居)'이다. 한(漢)대부터 중원(中原)에서 휘주로 대거 이주가 이루어지면서 중원의 한 문화가 이곳으로 들어와 나중에는 한 문화가 휘주 문화의 주류를 차지하게 되었다. 그러나 한 문화는 월(越) 문화를 전부 버리지 않았으며 더구나 월 문화가 자라난 이곳의 기후와 지리적 환경을 벗어날 수 없었다. 사실 오늘날 남아있는 휘주의 고택들은 바로 고대 월인들의 소거 건축의 일종으로 간란목루와 북방의 사합원이 결합되어 탄생한 것이다. 휘주식 합원은 기본적으로 모두 누방(樓房)

다양한 변화를 보여주는 마두장의 조합

휘주 가옥의 문

이며 북방처럼 단층의 합원은 거의 없다. 1층은 나무 바닥을 깔아 놓기는 해도 습기를 없애기 위해 통풍을 위한 통기층(通氣層)으로 남겨둔다. 명나라 때까지만 해도 휘주 가옥들은 여전히 누거 양식을 고수하여 주로 위층에서 생활을 하였으며 1층과 2층의 높이는 1:2의 비율을 보였다. 청대에 와서 주로 1층에서 거주하는 북방 합원의 습관을 받아들여 이 비율은 2:1로 변하였으나 소거의 특징은 여전히 가지고 있어 통풍을 위해 가운데 방을 완전히 개방하여 천정과 통하게 하였다. 천정의 형태는 북방 합원과는 사뭇 다른데 협소하면서도 높은 것이 특징이다. 이러한 구조는 여름의 뜨거운 태양을 피할 수 있고 공기를 순환시키는 굴뚝 역할을 하게 되어 무더운 기후에 적합하다. 건축 구조는 북방의 대량식(擡梁式)[19]과 남방의 천두식(穿斗式)[20]을 혼합한 구조로 같은 건물에서도 정당(正堂)*과 침실이 구분되어 따로따로 적용되곤 하였다. 휘주 가옥의 대문도 남방 촌채(村寨)의 채문과 북방의 옥우식(屋宇式)[21]의 특징을 결합하였는데 휘주의 패방과 패방식 대문이 그 전형적 사례이다.

서(書)와 예(禮)의 휘주 – 서원(書院)과 패방(牌坊)

휘주는 예로부터 문화와 교육이 발달하였고 유교 이학(理學)의 깊은 영향을 받았다. 남송 이학의 대표적 인물인 주희(朱熹)[22]가 바로 휘주 출신으로 이곳에서 후학을 양성하였다. "신안에는 명사가 많다(新安多名士)." "조그마한 마을에서도 일하며 공부하는 것을 게을리 하지 않는다(十户之村不廢耕讀)."라는 말이 있을 정도로 서와 예를 중시하는 것은 휘주 사람들의 전통으로 이들은 "가장 즐거운 일은 오로지 공부

* **正堂**: 본채와 거실에 해당

한여름 굉촌 남호변의 남호서원(南湖書院)

뿐(第一等好事只是讀書, 서체촌에 있는 기둥 위의 대련)"이라 생각하였다. 이러한 전통은 건축에 반영되어 수많은 서원, 사숙(私塾)*과 종사(宗祠)**, 패방이 세워졌다.

휘주에는 수많은 사숙과 서원이 있는데 그중 굉촌 남호(南湖) 근처의 '남호서원(南湖書院)', '자양서원(紫陽書院)', '죽산서원(竹山書院)' 등이 유명하다. 명대의 휘주 인구는 560,000명으로 당시 52개의 서원과 462개의 학당, 사숙이 있었다. 명대 이후에 수많은 휘주 사람들이 과거를 통해 벼슬길에 대거 진출하였는데 한 마을에서 '한 가문에 아홉 명의 진사, 형제 중에 두 명의 한림(一門九進士, 同胞兩翰林)'이나 '부자상서(父子尚書)'의 경우도 심심치 않게 보였다. 조정과 재야에서 명망이 높은 고관(高官)과 거유(巨儒)들 중에도 휘주 출신이 매우 많았다.

* **私塾**: 글방이나 서당

** **宗祠**: 조상을 모시는 사당

좌 서체촌 호(胡)씨 종사 경애당 내부

우 서체촌 입구의 패방

휘주가 예법(禮法)을 중시하였다는 것은 수많은 사당과 패방을 통해 알 수 있다. 휘주에는 많은 가문들이 모여 살아 가문의 중심 역할을 하는 사당도 매우 많았으며 등급도 꽤 높았다. 예를 들어 정감촌에 있는 나(羅)씨 종사후당(宗祠后堂)의 보륜각(寶綸閣)은 명 만력(萬曆) 연간에 지어졌는데 총 11칸의 방이 있고, 전체 건물의 폭이 29m, 건물 앞쪽부터 뒤쪽까지의 총 길이가 10m에 달한다. 건물 여기저기에는 온통 조각 장식이 되어 있는데 특히 침전(寢殿)의 들보에 그려진 채색화는 보기 드문 진귀한 민간 예술이다. 서체촌의 호(胡)씨 종사인 경애당(敬愛堂)은 양원삼청(兩院三廳)으로 공간이 널찍하고 엄숙하며, 큰 들보와 기둥이 정연하게 서 있고 조각과 장식이 정교하며 화려하다. 다른 종사와 마찬가지로 이들의 지위, 크기, 면적은 모두 마을 전체를 통틀어 최고를 자랑한다. 휘주의 마을에서 종사는 대표적인 건축물일 뿐 아니라 가문과 마을 사람들의 정신적인 구심점 역할을 한다. 가문의 제사 의례, 주요 결정, 각종 상벌이 모두 이곳에서 이루어지는데 오늘날 휘주의 유서 깊은 마을에 들어서 있는 이러한 종사는 특별한 풍취를 자아낸다.

좌 당월촌 패방군
우 노(盧)촌 건물 내부의 목조

패방은 가문과 군왕 간의 예를 상징한다. 휘주의 패방은 그 숫자와 질적인 측면에서 전국에서 최고로 꼽히는데 흡현만 해도 94개의 패방이 있으며 그중 정절 패방이 34개이다. 이곳의 패방은 공간적으로 문의 역할을 하거나 입구의 표식, 공간을 분리하는 등의 다양한 기능을 한다. 서체촌 입구에 있는 삼간사주오루(三間四柱五樓)[23] 패방은 13m에 달하는 최고 등급의 패방으로 명의 만력제 신종(神宗) 주익균(朱翊鈞)[24]이 호씨 가문의 효주자사(膠州刺史) 호문광(胡文光)[25]에게 하사한 것이다. 현재 휘주에 있는 가장 큰 패방군은 당월(棠樾)에 있는 것으로 총 7개가 있으며 유채꽃이 가득 핀 마을 가에 묵묵히 서 있다.

그 엄청난 규모와 정교한 조각, 깊은 뜻을 담고 있는 명문(銘文)은 가문의 영광과 내력을 말해주고 있다.

기(技)와 예(藝)의 휘주 – 삼조(三雕)와 원림(園林)

휘주의 '삼조(三雕)*' 기예는 중국에서도 유명하다. 특별한 것은 이 삼조는 건축에 적용되어 실내외 자재나 인테리어와 절묘하게 어울려

* **三雕**: 목조(木雕), 전조(塼雕), 석조(石雕)

* **隔扇**: 중국 전통 건축에서 칸막이 역할을 하는 나무 벽으로 윗부분에는 대개 창살이나 오블라투(녹말질로 만든 포장지)를 해놓는다.

** **桐油**: 오동나무 기름. 침투력이 좋아 나무에 바르면 수백 년이 되어도 썩지 않는다

건축물을 한층 돋보이게 하면서 스스로를 드러낸다는 것이다. 건물의 문조(門罩), 들보, 누창(漏窓), 격선(隔扇)*에는 모두 정교하며 섬세한 아름다운 조각이 장식되어 있다. 휘주 삼조가 높이 평가받는 이유는 재주를 과용하지 않고 절제하면서 실제를 있는 그대로 표현하지 않고 그 속에 담긴 뜻을 중시하여 조각하는 데 있다. 또한 소박한 가운데 화려함이 보이고 호방함 속에 섬세함이 묻어나 최상의 예술 작품이라 할 수 있다.

휘주의 목조에는 대개 옻칠을 하지 않고 동유(桐油)**를 바른다. 목조 재료로 가장 선호하는 것은 은행나무, 녹나무 등의 고급 목재이며 이는

좌 서체촌 가옥의 석조 누창

우 당월촌 청의당(淸懿堂) 대문의 전조(塼雕)

좌 당모촌(唐模村) 단간원(檀干園)

우 굉촌 왕순풍(汪順風) 저택의 수원(水園)

도료가 조각의 세밀한 부분에 영향을 주는 것을 막고 목재 자체의 고급스러움과 나뭇결의 자연스러운 아름다움을 살리기 위해서이다.

석조는 이현에서 많이 나오는 '이현청(黟縣青)'을 쓰는데 이는 재질이 견고하고 딱딱하며, 무늬가 정교하고 부드러운 광채가 난다. 이 석재는 이현의 서체와 미계 등의 산 지역에서 많이 채굴된다. 휘주 건축에서는 대문, 패방 등 여러 곳에 석조를 구사하였을 뿐 아니라 큰 돌덩이를 통째로 조각하고 새겨서 화창(花窓)*을 제작하였는데 그 문양이 매우 규칙적이며 전체적으로 강함과 부드러움이 잘 어우러져 있어 감탄을 자아낸다. 또한 안과 밖이 트인 공간 효과와 정교하고 생동감 넘치는 장식 효과를 주어 볼수록 깊은 맛을 자아낸다.

전조(塼雕)는 휘주에서 생산되는 재질이 견고하고 부드러운 청전(青塼)을 조각해서 만드는데 휘주의 독특한 문루(門樓), 문틀, 문미(門楣)** 등에 널리 쓰이는 휘주 건축에서 빼놓을 수없는 중요한 요소이다.

휘주는 수준 높은 공예 기술(분경(盆景), 화선지, 휘묵, 흡연 등)을 가졌을 뿐만 아니라 이러한 기술이 예술로도 발전하였는데, 이러한 문화와 기술이 뒷받침되어 전체 예술이 극히 발달하게 되었다. 예를 들어 휘파(徽派) 희극과 회화, 특히 신안화파(新安畵派)의 화가인 청초(清初)의 홍인(弘仁)[26], 사사표(查士標)[27]부터 현대의 황빈홍(黃賓虹)[28]에 이르기까지

* **花窓**: 누창(漏窓)과 같은 것

** **門楣**: 문틀 위에 달린 지붕 모양의 장식

이들의 발묵산수(潑墨山水), 조화자연(造化自然)의 기풍은 중국화의 발전을 이끌었다. 화가들의 품격, 스타일과 표현 기법은 휘주의 건축, 원림 예술의 풍모, 구도에 절대적인 영향을 끼쳤다.

휘주식 원림(徽派園林)은 휘주 건축을 대표하는 것으로 특유의 분경, 연못, 식수(植樹)는 독특한 개성을 뽐내고 있다. 이들은 일반 서민들의 집 주변에 널리 퍼져있어 일상생활과 밀접한 연관을 맺고 있다. 흡현 당모촌의 수구원림(水口園林)인 '단간원'은 유명한 휘주 원림으로 '소서호(小西湖)'라 불린다. 청초(淸初)의 휘상(徽商)인 허(許)씨가 노모에게 항주 서호의 풍경을 선사하기 위해 만든 곳으로 아기자기하고 정교하며 강절(江浙) 원림의 건축 기법을 응용하였다. 이현 벽산(碧山)의 '경독원(耕讀園)'은 산수와 잘 어울려 있는데 서재 앞의 연못 정원에는 푸르른 능엽(菱葉)*이 떠 있고, 집 밖에는 넓은 논이 있어 경독(耕讀)**이라는 말을 몸소 느낄 수 있다. 굉촌 이수명(李書明) 저택의 수원(水園)은 정방(正房) 뒤쪽에 있으며 그리 크지 않은 연못에 있는 간결한 '미인고(美人靠)***'와 휘주식 분경이 놓여 있는 돌난간, 그리고 하얀 벽에 벽돌을 다듬어 만든 화창이 서로 어울려 향토 전원의 정취를 흠뻑 느낄 수 있다.

상(商)과 유(儒)의 휘주 – 상부상조의 상업과 문화

휘주 건축 문화가 이렇게 발달하게 된 것은 우연이 아니다. 가장 중요한 내재 요인으로 '고유(賈儒)'의 성격을 띠는 휘상(徽商)의 흥성을 들 수 있다. 진상(晉商)과 달리 휘상은 원래 한과 월 문화가 어우러진 환경으로 인해, 즉 땅이 좁고 사람이 많았기 때문에 외부로 나가 돈을 벌어야 했고 이로 인해 외향적인 성격을 가지고 있다. 문화, 교육 수준이 높은 휘상은 총명하고 신의를 중시하여 사업에도 뛰어난 수완을 보였으며 "부귀해지면 유학자를 키우고 벼슬길에 나아가면 상인을 보호해

---

* **菱葉**: 애기마름이라 하며 늪이나 강에서 볼 수 있는 수초

** **耕讀**: 농사를 지으며 글을 읽는 것

*** **美人靠**: 등받이가 있는 나무 의자. 원림의 정자와 복도에서 많이 보이며 여자들이 앉으면 아름다운 자태가 나타나 붙여진 이름이다.

둔계(屯溪)의 옛 거리는 수백 년의 상업 역사가 서려 있으며 지금도 여전히 둔계의 중요한 상업 지구이다.

준다(富而張儒, 仕而護賈).”라는 전통을 가지고 있어 상업계와 관계(官界)에서 큰 성공을 거둔다. 이들은 소금, 차, 금융, 출판 등의 사업 분야에서 “휘주 없이는 도시가 이루어지지 않는다(無徽不成鎮).”라는 말이 생길 정도로 큰 부를 거머쥐었다. 안정적 경제 조건은 문화를 발전시켰고 수준 높은 문화로 인해 휘상은 대외 교류에 개방적인 사고를 가져

상 굉촌 승지당(承志堂) 내의 천정. 목조에는 금칠이 되어 있고 정교하며 화려하다.

하 정감촌의 보륜각(寶綸閣)

경제는 더욱 번영을 이루게 된다. 대다수 휘주 가옥은 휘상의 막강한 경제력을 바탕으로 지어졌는데 이 건축물들은 정교한 아름다움을 뽐내면서도 유행을 좇거나 사치스럽지 않다. 이는 휘상들의 문화 수준과 관련이 있는데 휘주에서 가장 특색 있는 사당, 패방, 서원 등의 건축물은 모두 휘상들이 상인, 유학자, 관료라는 다중신분을 갖고 있었기에 세워진 것이다. 흡현의 허국패방(許國牌坊)은 바로 명대 만력 연간의 상서(尚書)이자 대학사(大學士)인 흡현 사람 허국(許國)[29]이 수훈을 세워 황제의 인정을 받아 건립된 것이다. 비슷한 것으로 서체촌 입구의 효주자사(胶州刺史) 패방, 정감촌의 나씨종사(羅氏宗祠), 중국 국가중점 문물 보호단위(中國國家重點文物保護單位)인 보륜각, 굉촌의 남호서원, 그리고 수많은 휘상들의 대저택 등이 있다. 이들은 모두 재력으로만 세운 것이 아닌 경제, 종법(宗法), 문화, 예술이 같이 발전하고 서로 어우러진 결과인 것이다.

휘주는 발달한 문화와 개방성으로 인해 형초(荊楚), 회양(淮揚), 항엄(杭嚴)*, 요(饒)**와 공(贛)*** 등의 각 지역에서 문화의 정수를 흡수하여 자신의 문화를 더욱 풍요롭게 하고 보완하였다.

– 원목(袁牧) | 박사 연구생

* **杭嚴**: 엄(嚴)은 예전의 엄주(嚴州)로 현재 절강의 동려(桐盧), 순안(淳安)현 등이다.

** **饒**: 강서(江西)의 상요(上饒)

*** **贛**: 강서 지역

1| **탕현조**(湯顯祖, 1550~1616): 명대의 저명한 극작가이자 문학자이다. 체제 비판적인 생각을 갖고 『자채기』, 『환혼기』 등을 저술하였다.

2| **원**(元, 1271~1368): 중국을 중심으로 동아시아 전역을 지배한 몽골 왕조. 칭기즈칸에 의해 세워진 몽골 제국은 손자인 쿠빌라이에 이르러 중국 전역을 통일하게 되고 그때부터 중앙 집권 국가의 틀을 마련한다. 1368년 주원장에게 수도를 빼앗기고 몽골 지역으로 쫓겨 나갔으나 얼마 지나지 않아 멸망한다.

3| **남송**(南宋, 1127~1279): 금나라에 쫓겨 수도를 개봉에서 임안으로 옮긴 후의 송 왕조를 이르는 말. 이전의 송 왕조를 북송이라고도 칭한다. 후에 금과 화의하였으나 북쪽에서 일어난 몽골 제국에 멸망당한다.

4| **명**(明, 1368~1644): 몽골족이 세운 원나라를 무너뜨리고 들어선 한족 왕조로 평민 출신의 주원장이 초대 황제이며 약 280년간 지속되었다.

5| **청**(淸, 1644~1911): 명나라 이후 만주족 누르하치(奴爾哈赤)가 세운 정복 왕조. 중국 최후의 통일 왕조이며 1911년 신해혁명으로 멸망한다.

6| **정주이학**(程朱理學): 남송의 주희와 정이에 의해 완성된 신유교. 유교의 윤리학에 우주론적 체계를 도입한 혁신적 학설이다.

7| **신안화파**(新安畵派): 명나라 때 시작된 화풍으로 중국 산수화 예술의 최고 경지를 보여주었다. 담담하며 무겁고 차가운 느낌의 화풍으로 속세를 초월하여 냉엄한 기질을 보여준다.

8| **사대휘반**(四大徽班): 경극의 전신이라 할 수 있는 휘조(徽調; 안휘성에서 유행되던 곡조)에서 발전한 유명한 4대 극예술파인 사희(四喜), 화춘(和春), 춘태(春台), 합삼경(合三競)을 가리켜 사대휘반(四大徽班)이라고 한다.

9| **진**(秦, B.C. 221~B.C. 207): 중국 최초의 통일 왕조. 춘추 전국 시대, 지금의 감숙(甘肅) 지방에서 일어나 B.C. 221년 시황제가 주나라 및 육국(六國)을 멸망시키고 최초로 중국을 통일하였는데 B.C. 207년 한나라 고조에게 멸망하였다.

10| **소흥**(紹興, 1131~1162): 남송의 초대 황제 고종(高宗)의 연호. 형인 흠종(欽宗)이 금나라에 잡혀가자 수도를 개봉에서 임안으로 옮기고 등극해 남송 시대를 열었다. 희대의 간신 진회(秦檜)를 등용해 금나라와 굴욕적 화약을 맺어 20년간 평화를 얻었다.

11| **영락**(永樂, 1360~1424): 명나라 제3대 황제(1402~1424 재위). 초대 황제인 주원장의 넷째 아들이다. 조카인 건문제(建文帝)를 몰아내고 황위에 올랐다. 명의 초대 수도인 남경을 버리고 자신의 기반이었던 북경으로 수도를 옮겨 자금성을 건축하고 국토를 넓혔으며, 뛰어난 정치를 펼쳐 태평성대의 기반을 닦는다.

12| **심택대원**(深宅大院): 크고 복잡한 구조를 가진 대저택을 이른다.

13| **만력**(萬曆, 1527~1620): 명나라의 제13대 황제(1573~1620 재위). 장거정(張居正)을 등용하여 개혁을 단행하고 일조편법(一條鞭法)의 시행에 합리적인 기초를 닦았으나 당쟁과 사치로 쇠락의 길을 걸었다.

14| **공문**(拱門): 아치형 기둥으로 된 문을 이른다.

15| **권문**(券門): 아치형의 지붕이 있는 문. 윗부분이 반원형의 벽돌로 되어 있어 권문이라 부른다.

16| **누창**(漏窓): 창틀에 여러 장식 모양을 해놓은 창문을 이른다.

17| **점창**(點窓): 휘주 가옥은 비교적 폐쇄적이어서 창문을 낼 때 마치 점을 찍은 것처럼 조그맣게 내어 점창이라 부르며 휘주만의 독특한 개성으로 꼽힌다.

18| **사수귀당**(四水歸堂): 휘주 가옥 안쪽의 마당을 둘러싼 사면 건물의 지붕이 모두 비스듬히 기울어져 있어 비가 올 때 빗물이 천정(天井) 속으로 흘러, 거실이나 안채에 해당하는 건물인 당옥(堂屋) 앞으로 떨어지기 때문에 사수귀당이라 불린다.

19| **대량식**(擡梁式): 중국 고대 건축 구조의 한 형식으로 기둥 위에 대들보를 얹고 대들보 위에 또 대들보를 올려 '대량식(擡梁式)'이라 부른다.

20| **천두식**(穿斗式): 중국 고대 건축의 목구조의 한 형식으로 기둥과 대들보를 장부 접합 방식으로 맞물려 이은 방식이다.

21| **옥우식**(屋宇式): 집처럼 생긴 모양을 이른다.

22| **주희**(朱熹, 1130~1200): 유교에서 공자 이후 가장 위대한 사상가와 교육자로 불리는 인물로 이학을 집대성하여 주자학(朱子學)을 창시하였다.

23| **삼간사주오루**(三間四柱五樓): 세 칸의 공간과 네 개의 기둥, 5층으로 이루어진 패방을 이른다.

24| **주익균**(朱翊鈞, 1563~1620): 명나라의 제13대 황제(1573~1620 재위) 만력제의 이름이다.

25| **호문광**(胡文光): 명나라 가정(嘉靖) 34년(1555) 과거에 급제하고 만재현(万載縣)의 현령이 된 후 마을을 보호하는 성장(城墻)과 학교를 세우는 등 나라와 백성을 위한 많은 일을 하였으며, 뒤에 형주왕부장사(荊州王府長史)와 봉직대부(奉直大夫)가 되었다. 그는 뛰어난 능력과 성실함으로 인해 만력제로부터 공덕 패방을 받았다.

26| **홍인**(弘仁, 1610~1664): 17세기 청나라 화단의 개성파 화가이다. 산수화에 독자적인 경지를 열었다.

27| **사사표**(査士標, 1615~1698): 명나라의 유생으로 명이 망하자 과거를 포기하고 글씨와 그림에만 전념한 예술가로 산수화에 특히 뛰어났다.

28| **황빈홍**(黃賓虹, 1865~1955): 중국 근대 산수화의 대가로 전통의 기초 위에 파격적인 참신함과 자유로운 유파를 추구한 '해파(海派)' 중 한명이다.

29| **허국**(許國, 1527~1596): 흡현 출신의 학자로 대학사(大學士; 재상에 상당하는 공무원직)까지 지냈다.

제2장 • 간란목루(干欄木樓)와 풍우교(風雨橋)

- 광서 북부 지역 마을의 민요를 찾아서

용승현 평안채의 간란목루

광활한 중국의 지역별 가옥들의 건축 형식은 일일이 열거할 수 없을 정도로 화려하고 다채롭다. 이런 가옥들은 대체로 원시의 남방 소거와 북방 혈거 두 가지에 그 뿌리를 두고 있는데 흔히 '남소북혈(南巢北穴)'이라 줄여 말한다. 북방의 요동(窯洞)은 고대 혈거에서 내려온 것이며 중국 서남부 산악 지역에 퍼져 있는 간란목루(干欄木樓)는 가장 오래되고 원시적인 남방 소거의 일종이다. 이 간란목루 가옥은 광서 북부, 귀주 동부, 호남 서부의 넓은 지역에 걸쳐 분포되어 있다. 이들은 산세와 어울려 마을 단위로 밀집되어 있으며 채문(寨門), 호생평(芦笙坪), 고루(鼓樓), 풍우교(風雨橋)와 함께 묘족(苗族), 동족(侗族), 장족(壯族), 요족(瑤族) 등 소수 민족의 생활공간을 이룬다.

'간란(干欄)'은 '마란(麻欄)'이라고도 하는데, 장족(壯族) 언어에서 '란(欄)'이나 '간란(干欄)'은 모두 '집'과 '방'을 뜻한다. 간란의 변천과 발전은 몇천 년의 역사를 가지고 있다. 『위서(魏書) · 요전(僚傳)』에는 "나무에 의지하여 목재를 쌓고 그 위에서 사는 것을 간란이라 말한다(依

樹積木, 以居其上, 名曰干蘭(欄))."라는 기록이 있다. 절강성(浙江省) 여요(余姚)의 하모도(河姆渡) 신석기 유적지의 나무로 된 간란 유적은 지금으로부터 무려 7000여 년 전의 것이다. 고대 중국에서 남방의 대다수 지역에는 월인(越族)*이 살았는데 절강에서 광서, 운남의 넓은 산악 지역과 구릉 지대까지 소거가 널리 분포되어 있어 간란식 목루 주거 양식이 얼마나 오랜 역사를 가지며 넓은 지역에 분포되었는지를 알 수 있다. 생산력의 증가, 사회의 변천과 기술의 진보 등으로 인해 평원 지대나 발달된 지역의 간란목루는 벽돌과 나무가 혼합된 구조의 다양한 형식으로 변하였다. 산악 지역의 소수 민족 거주지에는 지금까지도 여전히 수많은 간란목루가 남아있고 각 민족의 독특한 생활 습관과 풍속을 보존하고 있다.

* **越族**: 고대 월인들은 강소, 절강, 복건, 광동성 등 여러 지역에서 살았는데 각 부락마다 고유 명칭이 있어 백월(百越)이라 통칭하며 백오(百粵)라고도 한다.

목루채(木樓寨) 순례

광동 북부 산악 지역의 목루채는 각양각색의 형태를 가지고 있다. 이는 이곳의 민가 취락들이 계곡에 걸쳐있거나 산기슭이나 언덕에 기대어 있기도 하며 강과 골짜기를 따라서 들어서 있는 등 서로 다른 환경에 적응하며 지어졌기 때문이다. 목루채에는 대개 채문이 있는데(동채(侗寨)는 채문 외에도 풍우교 입구가 있는 곳이 많음) 몇몇 큰 마을에는 채문이 여러 개 있는 곳도 있다. 산길, 시냇물, 목루가 한데 어우러지고 밭과 마을이 서로 연결되어 있는 모습에서 이 취락들이 화전 경작의 소농 경제를 바탕으로 세워졌음을 알 수 있다.

상 용승현 황락채(黃樂寨)

하 웅장산 기세를 자랑하는 용척(龍脊)의 계단식 논

좌 누워 있는 용과 비슷한 독동향의 좌용채

우 과가루 아래의 암채 입구

용승(龍勝)의 각 민족 자치현은 계림(桂林)시에서 100km 떨어져 있다. 해발 1,000m에 위치한 용척의 13채(十三寨)는 '세계 최고의 계단식 논'으로 불리는데 이곳의 계단식 논은 웅장하면서 구불구불하게 기복이 있다. 이런 열악한 생태 환경은 이곳의 장족 사람들을 단련시켰다. 13채 가운데 평안채(平安寨)는 해발이 가장 높은 곳에 있는 마을이다. 이곳의 계단식 논은 가장 큰 것이 7m²를 넘지 않으며 가장 작은 것은 '메뚜기가 한 번 뛰면 3개의 논을 넘는다'라는 말이 있을 정도로 논이 조각조각 나누어져 있어 전체의 논이 1인당 5m² 정도밖에 돌아가지 않는다. 하나하나 일구어낸 4,200m²의 전체 논 중에 소로 경작하는 것은 3분의 1에 지나지 않으며 나머지는 직접 사람이 쟁기를 끈다.

평안채에 들어서면 돌덩이가 널려 있는 구불구불한 산길이 산비탈에 있는 각 집으로 가파르게 연결되어 있다. 경사진 지붕을 얹은 비슷한 목루들이 산비탈에 기대어 이어져 있는데, 어떤 목루는 5~6m의 높이에 세워져 있으며 계단식 논들이 그 사이사이에 들어서 있다. 목루는 지형과 산세에 어울려 있을 뿐 아니라 농사일에 전력을 기울일 수 있도록 논과 맞붙어 있다. "집 근처의 논은 흉작이 없으며, 멀리 떨어진 밭은 풍작이 힘들다(近家無瘦地, 遙田不富人)."라는 말에서 소농 경제에 적합한 주거 환경이 어떤 것인가를 단적으로 보여준다.

시간이 지나면서 삼강(三江) 동족(侗族) 자치현의 몇몇 마을은 서로 연결되거나 심지어 하나로 합쳐졌는데 임계(林溪)의 삼채(三寨)가 한 예이다. 황조채(皇朝寨)는 세 마을 중 가장 높은 곳에 위치한 마을로 비탈진 계단을 올라 마을에 들어서면 정자 모양의 채문을 지나게 된다. 마을은 채문, 고루, 저수지, 소고루가 차례로 들어서 있어 직사각형 모양을 이루며 빈틈없는 구도를 보여준다. 암채(岩寨)는 황조채 아래쪽에 있는 목루채로써 하상(河床)* 근처에 위치해 있어 계곡이 가까우며 풍우교를 지나 강변의 작은 길을 따라가면 마을의 채문이 나온다. 암채는 하상과 비슷한 높이에 있으며 하상 근처에 위치하여 이곳만의 특징을 가진 채문을 만들었는데, 즉 고루의 과가루(過街樓)** 아래를 입구로 만들어 하상에서부터 계단을 올라와서 이곳을 통과하면 마을로 들어갈 수 있다. 암채 앞에 있는 작고 아담한 풍우교는 자연스럽게 계곡을 따라 양채(亮寨)까지 이어지는데 양채에도 독립된 채문과 고루가 있다. 세 마을은 이렇게 나름대로의 특색을 가지면서 연결되어 있다. 독동향(獨峒鄉)의 좌용채(坐龍寨)는 삼면이 물로 둘러싸여 있고 한 면은 완만하게 경사져 있어 마치 용이 누워있는 듯한 형

* **河床**: 유수(流水)에 의해 형성된 길고 좁은 저지대

** **過街樓**: 아래에 통로가 있는 건물

장양교 전경

상을 하고 있는 마을이다. 40여 가구 정도가 살며, 좁은 산길과 층층이 붙는 목루로 인해 가축들도 층계로 올라가야 하는 지형의 작은 마을이지만 고루와 사당, 채문이 빈틈없는 구도로 자리잡고 있다.

정양교 대가(程陽橋對歌)

경축일이나 명절이 되면 동족 사람들은 온 가족이 함께 나와 즐겁게 정양교에 오른다. 젊은 남녀들은 명절 예복을 입고 폭죽을 터트리며 '채당(踩堂)'이라는 호생무(芦笙舞)*를 춘다. 사람들은 정양교 앞에 모이고 젊은 남녀들은 푸른 대나무로 죽마난간(竹馬蘭栅)**을 만들어 마을로 들어가는 다리의 통로를 막아 친지나 친구를 찾아온 손님들을 못 들어오게 한다. 그리고 손님과 마주보고 노래를 주고받는데, 그때 부르는 노래인 '난로가(攔路歌)'는 다음과 같다.

* **芦笙舞**: 생황을 불며 추는 춤

** **竹馬蘭栅**: 대나무로 만든 울타리, 난간

전체가 삼나무의 장부 접합 방식으로 이루어진 정양교의 목구조

동족 청년들이 정양교 앞에서 대형을 이루어 난로가를 부르고 있다.

이렇게 밝게 빛나는 태양은 본 적이 없고
이렇게 아름답게 활짝 핀 꽃도 본 적이 없네.
오늘 먼 곳에서 손님이 오시니
우리 집이 환해졌다네.

이들의 노래는 이 마을의 풍우교처럼 친근하고, 정답고, 소박하며, 아름답다. 손님들은 몇 개의 답가를 부르고 나서야 마을로 들어갈 수 있으며 들어갈 때는 성대한 환영을 받는다. 이런 경축 행사는 동족 사람이 사는 곳이라면 어디에서나 열리는데 정양교가 중국 국가중점 문물 보호단위인 관계로 좀 더 유명한 것뿐이다.

정양교는 정양(程陽), 마안(馬安) 등의 8개 마을에서 동족의 다섯 명의 원로의 주도 아래 만들어진 것이다. 이들은 농사를 지으면서 다리를 만들었으며, 마을 사람들이 목재와 일손을 제공하도록 독려하며 최고의 석장과 목장을 불러 12년에 걸쳐 완성하였다. 돌을 캐고 자재를 준비하여 교각을 만드는 데 4년, 목재를 옮겨 교량을 쌓는 데 3년,

다리의 정자가 팔작지붕으로 된 독동향 평류(平流)의 풍우교

정자를 세우고 기와를 얹고 장식을 하는 데 5년이 걸렸다.

정양교는 광동 북부의 삼강현(三江縣) 임계향(林溪鄉)에 있으며 임계하(林溪河)를 가로질러 놓여 있다. 길이 64m, 폭 3m, 높이 10여 m이고 다섯 개의 교각이 받치고 있다. 교량은 교각과 교각 사이마다 각각 직경 약 50cm, 길이 약 30m 정도의 삼나무 7개를 아래위 이중으로 쌓아 만들었다. 그리고 나서 목판(木板)을 깔고 목주(木柱)를 세운 다음 들보를 만들고 지붕과 기와를 얹었다. 다리의 양측에는 미인고와 비슷한 난간 좌석을 설치하였다. 이런 풍우교는 임계향에만 15개가 넘으며 속칭 '화교(花橋)'라 불린다. 놀라운 것은 다리 전체에 철로 된 못이나 나사를 전혀 쓰지 않고 전부 높은 기술을 요구하는 끼우고 잇는 방식의 장부 집합 방식으로 조립하고 나무못으로 고정시켰다는 점이다.

광동 북부의 동향(侗鄉)에는 마을마다 각각 풍우교가 있는데 그 모양은 서로 다르다. 삼정(三亭), 사정(四亭), 오정(五亭)짜리가 있고, 사각이나 육각의 모임지붕*, 2중에서 5중의 처마, 팔작지붕**이나 팔작지붕과 모임지붕이 합쳐진 것도 있다. 이렇게 다리의 정자 수, 정자의 처마 수, 지붕의 형식 등 여러 개가 서로 다르게 조합되어 서로 차별화를 이루며 높은 상징성을 띠고 있다. 특히 파단진(巴團鎭)의 풍우교

---

* 추녀마루가 경사지어 올라가 용마루에서 모이는 형태의 지붕. 평면은 사각형

** 위 절반은 박공지붕(측면 벽이 삼각형)으로 되어 있고 아래 절반은 네모꼴로 된 지붕. 면은 직사각형

독동향 파단진의 풍우교

는 위층에는 사람이 다니고 아래층에는 가축들이 다닐 수 있게 2층으로 만들어져 있어 숙련공들의 정교한 솜씨에 감탄이 절로 나온다.

풍우교는 강과 계곡의 양안을 이어주는 교량이자 마을에 들어가기 위해 반드시 지나야 하는 곳으로 일종의 마을의 입구에 해당하며 마을의 상징이라고 할 수 있다. 또한 풍우교대가(風雨橋對歌)는 동향의 가옥과 같은 이러한 건축물에 특수한 문화적 의미를 부여한다.

고루(鼓樓)와 호생주(芦笙柱)

풍우교에 필적할 만한 것이 동향의 모든 마을의 중앙에 위치하고 있는 고루이다(어떤 마을에는 두 개 혹은 그 이상의 고루가 있음). 고루는 마을 중앙에 있는 고루평(鼓樓坪)* 위에 서 있어 눈에 확 뜨이며 동향 건축 예술의 또 하나의 백미이다. "금계의 날개와 봉황의 꼬리도 동가 고루의 아름다움에 미치지 못한다."라는 말은 고루에 대한 찬탄을 상징적으로 보여준다.

고루는 위아래 두 부분으로 나뉘는데 하단부는 정자와 비슷하고 상단부는 탑과 비슷하다. 하단부는 8개의 목주가 받치고 있는데 안과

* **鼓樓坪**: 고루 앞의 광장으로 사람들이 오락이나 회의를 할 때 모이는 장소

* 斗拱: 지붕의 무게를 떠받치기 위한 골조. 중국 건축의 가장 큰 특징으로 꼽히며, 복잡한 구조의 목재이다.

바깥에 각 4개씩 있으며 안쪽의 목주는 큰 삼나무로 만들어져 목루의 들보를 받치고 바깥쪽의 것은 정자의 처마를 받치고 있다. 상반부는 이중 처마를 두공(斗拱)* 위에 얹는데 사각이나 육각, 팔각으로 된 이중 처마는 일반적으로 5층이나 7층 등 홀수로 되어 있고 9층이나 11층짜리도 있다. 고루 지붕의 뾰족한 부분에는 대개 조롱박이나 천년학(千年鶴)을 장식해 놓는데, 이는 길상의 뜻을 나타낸다. 고루 안에는 바닥 가운데를 돌로 깔아 화로를 놓고 둘레에 앉을 수 있도록 좌석을 설치하였으며 대형 고루에는 100~200명이 족히 들어갈 수 있다. 그 가운데에 놓인 북은 보통 속이 빈 큰 나무의 양쪽에 소가죽을 덮어 씌워 만든다. 고루는 마을 사람들이 의논을 하거나 향규나 향약을 제정, 검사, 집행하는 장소이다. 또한 도적이 들면 북을 두드려 신호를 보내 사람들이 고루에 모여 힘을 합쳐 막을 수 있도록 하는 등의 역할도 한다.

동족 마을의 중심이 고루라면 묘족(苗族) 마을의 중심은 호생주이다. 이는 수직으로 세워진 큰 삼나무로서 소뿔, 용봉(龍鳳), 큰 칼 등이 장식되어 있고 맨 위쪽은 봉황의 모습을 하고 있다. 호생주는 마을 중심 광장에 서 있는데 기둥 밑 부분에는 자갈을 층층이 깔아 놓았다. 호생주는 묘족의 토템으로 명절이나 경축일 때마다 묘족 사람들은 전통 복장을 입고 처녀들은 오색 손수건을 흔들며 청년들은 대나무로 만든 생황(芦笙)을 들고 호생주 주변을 돌며 '채당무(踩堂舞)'를 춘다.

암채 고루의 정면 모습

왜 동채에는 고루와 풍우교가 있고 묘채에는 호생주만 있는 것일까? 일설에 따르면 "높은 산에는 요족이, 낮은 산에는 묘족이, 한족은 평지에, 그리고 동족은 강변에 산다(高山

상 미반(馬胖) 고루의 9층 팔작 지붕

하 묘족의 토템 호생주

瑤，矮山苗，漢人住平地，侗家居河槽).”는 말이 있다. 과거에 민족끼리 분쟁이 일어나면 전쟁에서 이긴 민족이 더 좋은 곳을 차지하여 마을을 세웠다. 한족이 평원과 도시, 농촌을 차지하였고 광동 북부의 소수 민족 중에서는 동족이 비교적 강대하여 강과 계곡 양쪽의 땅을 차지하

* **三間四架**: 정면에서 세 칸의 방이 보이며 건물의 앞뒤 방향으로 도리 위에 4열의 서까래가 놓은 중국의 전통 건축 기법

였는데 이곳은 산악 지역에 비해 풍부한 물과 넉넉한 밭이 있었다. 강과 계곡 부근에 마을을 지으려면 교량이 많이 필요하였고 이는 외부 도적의 침입을 막는 데도 유리한 역할을 하였다. 이러한 역사적, 자연적 배경으로 인해 목루채와 건축물의 규모나 기술적인 부분이 동족 마을의 것들이 분명 더 발달하게 된 것이다.

간란목루(干欄木樓)

광서(廣西) 지역에는 산이 많고 밀림이 있으며 덥고 습하다. 강우량도 풍부하여 산에는 독사와 맹수들이 산다. 때문에 광동 북부 산악 지역에는 간란목루 가옥이 많다. 조상들은 대나무와 목재로 들보와 기둥을 쌓아 만든 간란식 누거를 만들고 계속 보완해 왔는데 사람은 위층에 거주하고 아래층은 비워두어 잡동사니나 농기구를 두거나 가축을 기른다.

간란목루는 일반적으로 '삼간사가(三間四架)*'의 직사각형 부지 위에 지어졌는데 가족 수, 기단의 지형, 도로 사정 등 각각의 환경에 따

좌 요가(廖家) 목루의 정면

우 목루의 목가구(木架構) 구조

암채(岩寨) 목루의 천두 장부 접합 구조

시공 중인 동악향(同樂鄕) 맹채(孟寨) 목루의 골조

라 L형, 凸형, 凹형의 모습을 띤다. 대개 산이나 비탈진 곳에 지어지기 때문에 토지를 아끼고 지형에 맞추기 위해 대부분 2, 3층으로 된 직사각형 단독 주택 형태이며 평면은 직사각형을 하고 있고 층 높이는 일정하지 않다. 목루 지붕은 삼강(三江) 동족 자치현(侗族自治縣)에서는 사면이 경사진 팔작지붕이 많고, 용수현(融水縣)의 묘채(苗寨)에는 대개 양쪽이 경사진 맞배지붕이 많다. 지붕의 주요 자재는 청와(青瓦)인데 산이 높고 숲이 우거진 목루에서는 목판와(木板瓦)도 사용한다. 벽은 전체가 목판으로 되어 있는데 조그만 창이 달려있거나 전체가 개방되기도 한다. 광서 북부에 있는 일반적인 중소형 목루 가옥의 방 넓이는 3~5m로 일정치 않으며 이는 삼나무 자재의 크기에 따라 결정된다. 전체 목루는 장부 접합 방식을 사용하며 철로 된 부속은 거의 쓰지 않는다.

목루의 맨 아랫부분에는 목주가 직접 부지 위에 세워져 있는데 대개 돌로 받쳐져 있다. 목루는 가옥 전체가 골고루 무게를 지탱하고 있는 구조이기 때문에 기둥이 하나 손상되거나 기둥의 받침돌을 옮기거나 해도 전혀 흔들림이 없다. 목루의 구조는 장점이 매우 많은데

목루 적주

첫째는 평평한 부지가 거의 없는 산에서 울퉁불퉁한 지면을 목주의 길이로 조정할 수 있다는 점, 둘째는 둘레를 에워싸고 있는 목판 벽은 필요에 따라 막아버리거나, 막아놓고 작을 창을 내거나 아니면 전체를 개방하고 난간을 설치하여 발코니나 베란다를 만들 수 있다는 점, 셋째는 목루의 증축이나 연결도 매우 편리하다는 점이다. 또한 이러한 구조는 빗물의 배수나 지진의 피해를 예방하는 데도 유리하다.

여기서 광서 북부 간란목루에 있는 매우 특색 있는 두 부분을 언급하지 않을 수 없는데 바로 적주(吊柱)와 첨하도량(檐下挑梁)이다. 협소한 땅에서 목루의 사용 면적을 늘리기 위해서 종종 층마다 밖으로 튀어나와 있는, 가로로 놓인 들보 위에 설치되어 위층을 받치기 위한 기둥이 있는데, 이 기둥과 들보는 '천두(穿斗)'라 불리는 장부 접합 방식으로 연결되어 있고 기둥의 하단이 좀 더 아래쪽으로 뻗어 나와 있는데 이를 적주라 한다. 적주 끝에는 대개 연꽃잎이나 등롱(燈籠)* 모양이 조각되어 있으며 이는 북방 사합원 수화문(垂花門)의 수련주(垂蓮柱)와 비슷하다. 첨하도량이란 비가 많이 오고 맑은 날도 태양이 강렬하게 내리쬐는 남방의 기후 조건 때문에 지붕 처마가 1.5m 정도 길

* **燈籠**: 등불을 밝히는 데 쓰이는 기구로 청사초롱, 홍사등롱 등이 있다.

게 뻗쳐 나오게 되는데 이를 지탱하기 위해 따로 기둥을 세워 그 위에 도리를 얹은 구조물을 말하며 2층이나 3층 높이의 것도 종종 보인다. 목루 전체적으로 볼 때 비록 정교한 조각은 없지만 천두 방식의 이음새, 적주, 테라스, 도랑(挑梁) 등이 들쭉날쭉한 높이로 전후좌우로 서로 연결되어 있는 모습은 지극히 유연하면서도 우아한 아름다움을 보여준다.

화로 - 목루의 신성한 장소

광서 북부의 간란목루에는 모두 화로가 있는데 이는 2층의 넓은 실내 중앙에 설치되어 있으며 대형 목루에는 종종 두세 개의 화로가 있기도 하다. 화로는 방바닥에 있는 1m 정도의 네모난 화로 구멍에 설치하는데 화로의 무게를 지탱해줄 나무 골조를 들보 위에 설치한 후 나무 받침과 방화용 진흙을 깔고 틀을 만들어 열을 차단한다. 화로는 숯불을 사용하기 때문에 방 안에 온통 그을음이 앉아 있어 내부가 침침하게 보이긴 하지만 이곳 사람들은 이것이 목재를 보호하고

평안채 요가(廖家) 목루의 화로

방부와 방습 작용을 한다고 믿는다.

화로는 집에서 매우 중요한 역할을 한다. 밥을 지을 때 뿐 아니라 가족 모임, 손님 접대, 휴식과 담소 등이 대부분 이곳에서 이루어진다. 목루채의 화로에는 사계절 내내 불씨가 살아 있다. 또한 화로는 신성한 장소로 여기기 때문에 멋대로 화로를 넘어 다니는 것은 무례한 행동이라 여긴다.

광서 북부 용승현의 장족 사람들은 종종 화로에 모여앉아 '대가(對歌)'를 부르곤 한다. 특히 젊은 남녀가 빙 둘러 앉아 서로 문답을 하거나 노래를 주고받는 것을 볼 수 있다. 이곳 사람들은 노래를 부르기 시작하면 성가(成歌), 차가(茶歌), 찬가(贊歌), 도두가(挑逗歌), 연가(戀歌) 등을 연이어 노래를 부르는데 보통은 밤 늦게까지 이어지며, 심지어는 동이 틀 때까지 부르기도 한다.

용의 등 같은 산 아래 강물 옆에서
사랑의 노래를 부른다.
내 마음은 솟아나는 샘물과 같이

대가를 부르는 평안채의 장족 청년들

강물처럼 긴 노래를 부르네.
용승에 큰 강이 하나 있지만
님의 사랑 노래가 더 크네.
3일 동안 가랑비가 내리는데
한 줄기의 빗물마다 노래 한 수 꿰어 보내노라.

화로와 불꽃, 차 한 잔과 노래 한 곡조는 이곳에서 가장 보편적이고 누구나 즐겨하는 장족의 일상생활이며, 이는 화로가 있는 독특한 목루에 나름의 문화적 의미를 부여한다. 목루의 화로에는 건축 공간, 휴식 공간, 민족 풍속이 한데 어우러져 있는 것이다.

– 단덕계(單德啓) | 교수

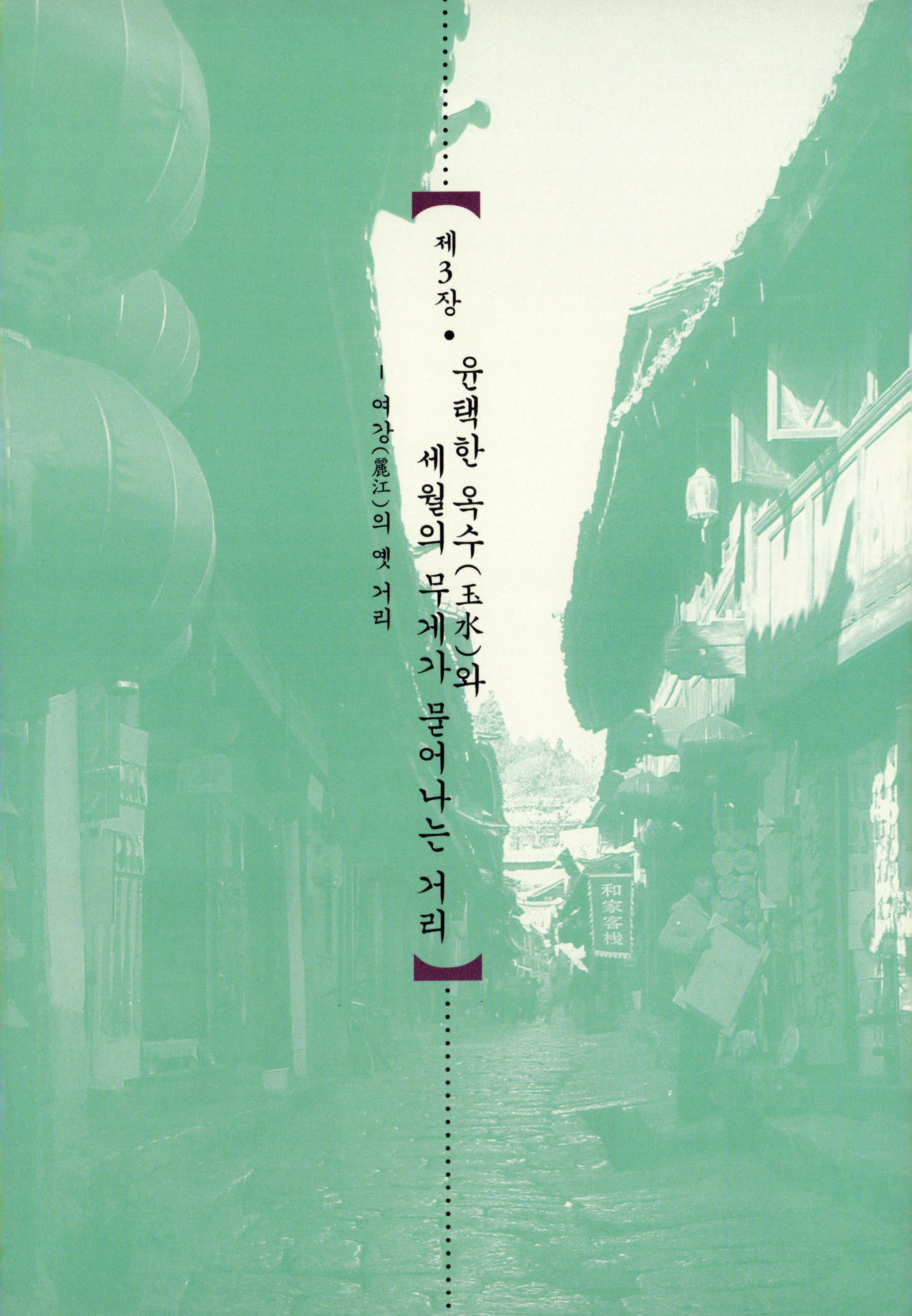

제3장 • 윤택한 옥수(玉水)와 세월의 무게가 묻어나는 거리

- 여강(麗江)의 옛 거리

중국의 서남 변경 운남성(雲南省)의 서북쪽에 있는 '여강'은 점점 그 명성이 높아지면서 많은 사람들이 가보고 싶어 하는 곳이다. 그곳에는 순박하고 인정 많은 납서족(納西族)과 보존이 잘된 고성(古城)과 민가, 만년설로 온통 하얗게 뒤덮인 옥룡설산(玉龍雪山), 그리고 태고의 신비함과 풍부한 깊이를 간직한 납서족의 동파(東巴) 문화가 있다. 이곳은 마치 지상 천국에 온 듯한 자연 풍광을 가지고 있으며, 사람들은 자연과 함께 자유롭고 평안하게 삶의 짙은 향기를 만끽하고 있다. 또한 설산과 고성 외에도 운삼평(雲杉坪), 백사벽화(白沙壁畵), 호도협(虎跳峽), 장강제일만(長江第一灣), 노고호(瀘沽湖), 모우평(牦牛坪) 등의 볼거리가 있어 사람들의 마음을 사로잡는다.

천 년의 고성

여강을 거닐다 보면 관광객의 발걸음이 가장 많이 멈추는 곳이 고성이다. 그중에서도 사람들이 제일 감탄하는 것이 바로 고성의 옛 가옥들이다.

여강 고성이 자리 잡고 있는 대연고진(大研古鎭)은 마치 베니스 같기도 하고 소주(蘇州)와도 약간 비슷한 부분이 있는 아름다운 소도시

납서족의 복식인 칠성대월(七星戴月)

고성의 조감도

이다. 그러나 베니스나 소주보다는 전원의 정취가 물씬 풍긴다. 이 도시는 주위의 산수, 주변에 듬성듬성 들어서 있는 마을, 그리고 사방에서 눈에 가득 들어오는 짙푸르고 무성한 산림과 한데 어우러져 있다. 여강 고성은 납서족 사람들이 대를 이어 내려온 삶의 기록과 역사의 흔적이 묻어 있는 곳이다. 고성의 거리 곳곳과 저택, 상점 등에서는 수많은 삶의 이야기와 오랜 세월의 무게를 느낄 수 있으며 지금도 납서족 사람들의 삶이 계속되고 그들의 문화가 이어지고 있는 곳이다.

더욱 귀중한 것은 고성과 고성 곳곳에 들어서 있는 가옥에서 부지런하고 선량한 납서족 사람들이 아직도 살고 있다는 것이다. 때문에 이곳은 역사의 흔적을 고스란히 담고 있으면서도 현재 진행형인 '살아 있는' 고성인 것이다. 바로 이러한 특징과 가치로 인해 유네스코는 1997년에 여강 고성을 세계문화유산목록에 등재시켰다.

한 도시의 발전은 언제나 현지의 사회 경제적 발전과 맞물려 이루어지는데 여강 고성도 예외는 아니다. 역사 기록에 따르면 납서족의 조상은 서북에서 서남으로 이주한 고강족(古羌族)의 후예가 여강 현지의 토착민들과 합쳐져 내려온 부락 집단이다. 처음 조상들이 이동 생활에서 정착 생활로 옮겨가는 과정에서 납서족의 초기 부락이었던 마사족(磨些族)은 금사강(金沙江)과 옥하(玉河) 유역에 '여기저기 별처럼 총총히 들어서 있는' 100여 개의 크고 작은 마을을 세워 초창기 취락을 형성하였다. 취락 발전의 역사적 과정을 살펴볼 때 이러한 원시 취락이 여강 고성의 원형이라 할 수 있으며 이때의 가옥은 우리가 지금 '목릉방(木楞房)'이라 부르는 형태를 갖기 시작하였다.

농경이 일정 단계까지 발전하면 필연적으로 상품 교환과 정기적인 시장에서의 교역이 나타나게 되어 자연스레 큰 마을이 이루어지고 이는 곧 도시의 초기 모습을 갖추게 된다. 옥하 유역의 '대연지(大研地)'는 바로 옛 촌락이 도시로 변화된 전형적인 예이다.

대연지는 여강댐의 중심부이자 금사강이 굽이쳐 돌아나가는 안쪽 지역의 분지에 자리 잡고 있다. 사방이 큰 산으로 병풍처럼 둘러싸여 있고 바깥쪽은 금사강의 물이 에워싸면서 천연의 '해자(垓字)'를 형성하고 있어 방어하기 쉽고 강 유역의 전체 지역을 통제할 수 있다. 원(元)의 세조(世祖) 쿠빌라이(Khubilai)[1] 가 이끄는 몽고군은 가죽 주머니를 연결해 다리를 만들고 강을 건너 이곳을 공격하여 여러 부족장들이 각 세력을 이끌고 할거하던 상황을 종식시켰다. 그리고 부원수인 맥량(麥良)에게 이곳을 다스리게 하였고 그 아들인 아량아호(阿良阿胡)가 통치권을 넘겨받은 후에는 여강선무사치소(麗江宣撫司治所)를 대연지에 세웠다. 그는 옥하의 서하(西河)를 만들어 대연고진을 건설하기 시작하였고 이때부터 옥하의 서하와 중하(中河)를 끼고 도시가 발달하는 기본적 구도가 형성되었는데 이것이 바로 여강 고성의 전신이 된다. 명태조 주원장(朱元璋)[2]은 목(木)씨에게 여강토사지부(麗江土司知府)를 세습하게 하였는데 목씨 토사(土司)*는 그 관청을 백사(白沙)에서 대연진(大研鎭)으로 옮기고 고성에 대규모의 토목 공사를 벌였다. 이때부터 대연진은 사방가(四方街)를 중심으로 모든 도로가 이어지고 도로는 바퀴살 형태로 주변부로 뻗어 나가는 비교적 잘 정리된 도시의 모습을 형성하기 시작하였다. 청대 옹정(雍正)[3] 연간에 여강의 토관(土官)이 조정의 유관(流官)**으로 바뀌었는데(역사학에서는 이를 '개토귀류

* **土司**: 중국의 서부와 서남부의 여러 성(省)에 두었던 일종의 지방관으로 원나라 때부터 그 고장의 토착민을 위해 그 고장 출신으로 토사를 두었다.

** **流官**: 중앙에서 파견된 정식 관리

(改土歸流)'라 칭함) 유관은 다시 옥하에 동하(東河)를 만들어 결국 현재 옥하의 서하, 중하, 동하 세 하류가 서로 얽히며 그 사이에 사방가를 중심으로 도로와 거리가 들어서있는 여강 고성이 형성되었다.

고성은 동북쪽으로는 상산(象山)과 금홍산(金虹山)을 끼고 있고 서북쪽으로는 사자산(獅子山)과 가깝다. 이러한 지리적 조건 때문에 가을과 겨울에는 설산에서 불어오는 차가운 바람이 상산, 금홍산, 사자산에 의해 차단되며 봄에는 온화한 동풍이 불고 꽃과 나무가 활짝 피며, 여름에는 시원한 남풍이 분다. 그래서 이곳이 비록 해발 2,400m의 고원에 위치해 있지만 엄동설한이나 혹한이 없고 사계절이 따뜻하면서 시원하다.

거리 곳곳으로 뻗어 있는 수로

물은 고성의 영혼이며 물을 빼고서는 고성의 아름다움을 말할 수 없다.

고성 옥하의 수원(水源)은 흑룡담(黑龍潭)이다. 상산 기슭의 오래된 밤나무 아래에 있는 바위틈에서 샘물이 솟아 거대하고 신비스러

고성의 심장인 사방가

운 못을 만드는데 이곳의 물이 고성의 서북쪽에서부터 옥룡교(玉龍橋)까지 흐르고 이 다리 아래에 있는 세 갈래의 수로를 지나면서 옥하는 성내로 흐르는 동하, 중하, 서하의 세 줄기로 나누어진다. 항상 잔잔하게 흐르는 옥하는 고성에 생기를 불어넣어 주는 생명의 원천이다.

서하, 중하, 동하는 무수히 많은 지류로 갈라져 고성 내 거리 곳곳으로 흘러드는데 이러한 환경으로 인해 고성의 거리는 격식에 얽매이지 않는 자유로운 배치를 보여주고 있다. 성내 주요 거리는 강에 인접해 있고, 골목은 수로를 끼고 있으며, 도로는 수로의 형세에 따라 뻗어 있고 집들은 지면의 높낮이에 따라 자유롭게 들어서 있다. 이렇게 간단한 원칙에 따라 형성된 고성의 기본 윤곽은 자연스럽고도 뚜렷하다. 이러한 수계(水系) 때문에 각양각색의 다리가 생기게 되었으며, 여강의 다리는 무수한 운치와 매력을 갖고 있다. 다리 난간 위에 걸터앉아 발 아래로 졸졸 흐르는 물소리를 들으며 산들바람에 휘날리는 강변의 푸른 버들과 거리를 오가는 납서족 노인, 여인과 아이들을 보면서 납서 가옥과 납서 사람들의 삶을 생각하면 물, 다리, 건축, 고성 간의 밀접한 관계를 더욱 잘 이해할 수 있다.

고성으로 들어서면 발 아래 청석판(青石板)이 깔린 길이 사람들의

좌 고성 곳곳을 흐르는 시냇물은 아름다운 고성의 핏줄이다.

우 여강 고성에 있는 각양각색의 다리

현재 문항(文巷)의 갈림목

발걸음을 인도한다. 일반적인 석판로와는 달리 닳아서 광이 나는 돌 표면에는 형형색색의 문양이 있으며 마치 여러 빛깔을 띤 작은 돌들이 합쳐진 것 같이 보인다. 이것은 이 지역에서 나는 천연 석재인 오화석(五花石)이다. 오화석은 전부 여강댐 주위의 산에서 채굴되는데 오화석으로 만들어진 석판로는 투명하게 번들거리고 광이 나며 밟을 때 안정적인 느낌을 준다. 자세히 보면 석판 노면에는 울퉁불퉁한 자

상좌 대연진의 목교(木橋)

상우 여강 사방가의 일부

하 먼지로 뒤덮인 옛 거리와 아름다운 노래가 오랜 세월 동안 울려 퍼진 거리

상좌 옥룡설산은 납서족의 신성한 산으로 고성과 설산은 밀접한 관계를 맺고 있다.

상우 거리와 상점

하 과거와 현재가 공존하는 고성

국과 홈이 여기저기 패여 있는데 이는 수백 년 동안 사람과 말이 밟고 지나간 흔적이다. 최근 들어 '남방 실크로드'에 대한 관심이 뜨거워지고 있는데 이 길은 심지어 원래의 실크로드보다 더 오래된 무역과 문화의 통로라는 의견도 있다. 여강은 바로 이 남방 실크로드의 중요한 길목인 차마고도(茶馬古道) 상의 주요 거점이었다. 때문에 대상(隊商)들이 밟고 지나간 이러한 자국들은 사실 문화의 기록, 즉 문화 전파와 교류 융합의 기록이라 하겠다.

고성의 시장과 거리는 고성의 향토 문화를 한 폭의 그림같이 보여준다. 사방가는 대표적인 고성의 시장이다. 이곳은 예전에 그저 원시적인 시장이었으나 후에 차마고도 상의 중요한 장소인 '차마호시(茶馬互市)'가 되었다. 현재 이곳에는 노점상이 즐비하고 온갖 골동품이 가득하다. 쫙 펼쳐진 천막과 기름종이로 만든 큰 우산, 그리고 전통 노점상들이 시장의 큰 경관을 이룬다. 시장 서쪽에는 여러 가지 오래된 수공품들이 있는데 이들을 만지작거리다 보면 마치 오래된 옛 이야기들을 하나하나 꺼내는 듯하다. 동쪽에는 냄비, 그릇, 표주박 등

좌 세월에 닳아 반짝거리는 석판로

우 과공방(科貢坊) 아래의 서하수(西河水)

생활용품이 많은데 밀짚모자로 써도 될 만큼 커다란 냄비 뚜껑이나 거울처럼 번쩍거리는 구리 국자 등도 있다. 시장 광장으로 연결되는 길들은 바퀴살처럼 사방으로 뻗어 나가는데 동쪽으로는 광의가(光義街), 칠일가(七一街), 오일가(五一街)가 있고 서쪽으로는 신화가(新華街)와 황산(黃山) 기슭으로 이어진다. 각각의 큰 길에는 몇 개의 작은 골목이 다시 바퀴살 모양으로 사방으로 이어져 있어 사방가(四方街)를 중심으로 점포와 객잔이 주위를 둘러싸고 길을 따라 촘촘하게 들어서있는 개방적인 구도로 되어 있다. 자세히 관찰해보면 이곳은 중국의 전통적인 '정(井)'자형 거리와는 다른 것을 알 수 있다. 고성의 다른 거리도 매우 특색이 있는데 이는 사방가 시장의 연장선상으로 볼 수 있다. 이러한 곳으로는 신화가(新華街), 신의가(新義街), 적선항(積善巷), 밀사항(密士巷), 대석교(大石橋) 등이 있다. 이곳에는 식당, 찻집, 직물 가게, 신발 가게, 이발소, 서화(書畫), 옷 가게, 목조(木雕), 도자기 등 없는 것이 없다.

삼방일조벽(三坊一照壁) 가옥

여강의 가옥은 납서족의 삶과 문화의 결정체이다. 이 가옥들에서는 소박함, 신선함, 자연스러운 아름다움을 느낄 수 있을 뿐 아니라 본토 문화의 영향과 다원 문화의 융합, 충돌도 느낄 수 있다. 여강의 가옥들을 보다보면 마치 오래된 전통 술과 칵테일을 같이 마시는 기분이 든다.

역사와 문화가 깊은 여강의 건축은 자신만의 역사를 가지고 있다. 여강 민가는 고대의 '동혈거(洞穴居)', '수소거(樹巢居)', '정간식(井干式)[4]의 목릉방(木楞房)'에서 근대의 '삼방일조벽(三坊一照壁)*', '사합오천정(四合五天井)', '주마전각루(走馬轉閣樓)' 등의 고성 가옥 양식으로 발전하였다.

목릉방은 여강 일대 납서족 민가의 원시적인 형태로 오늘날 여강 마사족들이 주로 거주하고 있는 저랑현(寧蒗縣) 노고호반(瀘沽湖畔)과 황량하고 외진 변두리의 몇몇 마을에서 종종 볼 수 있다. 이는 목구조 가옥으로 껍질을 벗긴 원목의 양 끝을 다듬은 후 가로세로로 겹겹이 쌓아 올리고 지붕은 목판으로 덮어 완성한다. 목릉방은 현지에서 자재를 구하기 쉽고 간단하게 지을 수 있으며 거주하기에도 편리하다.

목릉방의 공간 형태는 처음에는 간단한 정원식이었으나 나중에 외부 문화의 영향을 받으면서 비교적 표준적인 합원(合院) 형식, 즉 정방(正房), 상방(廂房, 경당(經堂)이라고도 함), 화루(花樓), 문루(門樓, 초루(草樓)라고도 함)로 구성된 형식으로 점점 변해 갔다. 정방은 가족이 공동 활동을 하는 곳으로 함께 의논하거나 식사를 하고 제사를 지내는 장소이다. 상방 혹은 경당은 대개 2층으로 되어 있는데 위층에는 라마승이 거처하거나 불상을 모시며 아래층은 독신 남자나 손님이 묵는 곳이다. 화루는 주로 여자들이 기거하는 곳이며 문루의 위층에는 건초를 놓아두고 아래층의 대문 양옆은 축사로 쓴다. 마사족 민가의 대문은 대개 동쪽이나 북쪽을 향해 열리게 되어 있고 정원이 꽤 넓어 각

* **三坊一照壁**: 조벽(照壁)은 대문을 가리는 담으로 중국 전통 취락에서는 사악한 기운을 막는다고 여겨졌으며 북방에서는 영벽(影壁)이라 부른다.

좌 납서족의 전통 가옥 목릉방의 일부분

우 납서족의 전통 가옥 목릉방

종 경조사를 이곳에서 치룬다. 정방은 복잡한 구조로 되어 있다. 정방 뒤쪽에는 이중벽을 세워 식량을 보관하며 노인이 기거하고 오른쪽은 주부들이 사용한다. 정방 한쪽 구석에는 부뚜막이 있는데 그 위쪽 한 편에는 감실(龕室)*이 있어 신상(神像), 공물과 꽃병이 놓여 있다. 부뚜막 아래에는 화로가 설치되어 있는데 화로 오른쪽은 주인 자리, 왼쪽은 손님 자리이며 이는 반드시 지켜야 하는 규율이다. 방 안에는 왼쪽과 오른쪽에 두 개의 큰 기둥이 있는데 왼쪽 기둥은 남주(男柱)이고 오른쪽 기둥은 여주(女柱)로서 성년식을 치를 때 남자는 왼쪽 기둥에, 여자는 오른쪽 기둥 옆에 서서 거행한다.

목릉방의 형식, 구도, 건물의 연결 방식과 납서족의 생활환경, 농경사회의 생활 방식은 아주 밀접한 관계를 가지고 있기 때문에 사람들의 일상생활, 자연환경, 기술 공예가 이 가옥의 기본적인 구조와 형태에 영향을 끼쳤다. 아울러 집의 공간 구조와 종교 신앙, 혼인 형태, 가정 조직도 역시 밀접한 관련을 맺고 있는데 이러한 납서족 본연의 정신세계는 건축물에 더욱 풍부한 문화적 색채와 상징적 의미를 부여하였다.

* **龕室**: 종교에서 신위(神位) 및 작은 불상 등을 모셔둔 곳

그러나 여강 납서족의 전통 가옥은 전통 목릉방의 이점을 살리면서 목구조로 된 오늘날의 한식 정원(漢式院落) 건축으로 점차 발전하였다. 어떠한 역사적 문화적 변천을 통해 이렇게 변하였는지 몇몇 역사적 사건을 통해 살펴보자.

1253년 여강 납서의 목씨토사는 중앙 정부의 승인을 얻어 470년에 이르는 자치를 시작하였다. 목씨토사의 통치 기간에는 문화적으로 포용과 융합의 정책을 취하여 한 문화를 적극적으로 흡수하고 불교, 라마교, 도교를 받아들였으며 한족의 생산 기술과 공예 예술을 배우고 중원 지역과의 정치적 경제적 교류를 강화하여 여강의 사회 경제와 문화는 급속한 발전을 이루게 되었다. 여강 백사대보적궁(白沙大寶積宮)에는 티벳, 한(漢), 납서의 예술 기교와 소재가 한데 어우러진 백사벽화가 있는데 이것은 당시의 문화 교류와 융합의 대표적인 실례라 할 수 있다.

1723년 청의 옹정제가 개토귀류 정책을 시행하면서 중원에서 파견된 엘리트형 관료가 목씨토사를 대신하여 여강을 관할하였는데 이때부터 납서족은 종교, 가치관, 생활 방식에서 한족의 영향을 더 크게 받게 되었다.

1921년 미국의 학자인 조셉 락(Joseph F. Rock)[5]은 여강에서 납서 동파 문화에 대한 연구를 진행하였다. 여강 사람들은 그가 다른 문화권에서 왔다는 이유로 배척하지 않았고 그는 납서인들과 친분을 유지할 수 있었다. 훗날 그의 연구 성과는 여강을 국내외에 알리는 데 중요한 역할을 하게 되었다.

1988년 여강 사람인 선과(宣科) 선생은 납서고악단(納西古樂團)을 창단하여 동경고악(洞經古樂)을 홍보하고 연주하였다. 제일 처음 고악을 연주한 장소는 고성 북쪽에 있는 큰 저택이었다. 당시 사람들은 고악이 무엇인지 잘 알지 못했고, 심지어 몇몇 관광객은 술집에 있다가 선과(宣科)가 보낸 학생들에 의해 끌려오기도 하였다. 후에 고악은 빠른 속도로 국내외에 큰 영향을 끼쳤다. 이렇게 여강 납서고악이 점차 세계에 알려진 것은 여강 납서족의 개방적인 민족성이 다시 한 번 중요한 역할을 한 것이다.

납서족의 조상과 선민들은 대대로 개방적 문화를 가지고 있었고 또한 대연고진이 오랫동안 운남과 티베트, 사천과 티베트를 잇는 무역로의 중요한 교통 거점이었기 때문에 이곳은 자연히 문화 통로의 역할을 하게 되었다. 때문에 납서인은 문화를 소중히 여기고 다른 민족의 선진 문화를 쉽게 받아들이는 좋은 전통을 갖게 되었다. 고성에 있는 납서 가옥을 자세히 살펴보면 이러한 문화 교류와 융합의 전통이 가옥의 건축 예술에 막대한 영향을 끼친 것을 알 수 있으며 특히 납서족, 한족, 백족(白族), 장족의 건축 문화와 형식이 한데 어우러져 있는 것을 명확히 느낄 수 있다.

납서 가옥에서 많이 볼 수 있는 형식으로는 삼방일조벽, 사합오천정, 전후원(前後院), 일진양원(一進兩院) 등이 있다. 그중 가장 기본적이고 흔히 볼 수 있는 형식이 바로 삼방일조벽이다. 이 가옥의 중요한 특징을 살펴보면 정방이 비교적 높고 양측의 상방이 상대적으로 낮으며 조벽(照壁)이 있어 위계가 명확하며 잘 짜여진 구도를 가지고 있다. 위쪽에 길게 뻗쳐나온 처마는 일정하게 경사져 있어 무거움과 단조로움을 없애고 부드럽고 우아한 아름다운 곡선을 보여주며 벽체는 안쪽으로 적당히 기울어져 있어 가옥 전체의 안정감을 더해준다. 사면은 담장으로 둘러싸여 있는데 높이는 모두 지붕보다 낮다. 각 층의 창문틀에는 대개 목판으로 누창을 설치하였다. 목판이 비에 젖는 것을 막기 위해 일반적으로 처마가 밖으로 뻗쳐 나와 있고 산장(山牆) 밖으로 튀어나온 들보의 양끝 위에는 징두리판*이 있는데 현지에서는 '풍화장(風火牆)'이라 부른다. 어떤 곳은 외부 미관을 더하기 위해 난간을 설치하여 복도처럼 꾸며놓았다. 그리고 마지막으로 '맞배지붕의 처마널'과 밖으로 드러나는 산장 표면의 단조로움을 가려주기 위

* 비바람 등으로부터 집을 보호하려고 집채 안팎 벽의 둘레에 벽을 덧쌓은 부분

옥룡설산 아래에 위치한 납서족의 목릉방

해 '수어판(垂魚板)*'을 교묘히 덧대놓았다. 이는 들보를 보호하는 역할을 하며 동시에 건물 전체를 예술적으로 돋보이게 한다. 정방과 상방, 조벽, 벽체, 담장 처마와 '수어(垂魚)' 장식의 배치를 통해 높낮이가 다양하고 가로세로가 잘 어울려 대칭을 이루면서도 변화무쌍한 외관을 형성한다. 삼방일조벽 가옥에서 우리는 납서족 사람들의 고도의 건축 수준을 볼 수 있다.

납서 가옥의 정방은 일반적으로 남향이며 주로 노인들이 기거한다. 동서쪽의 상방은 높이가 약간 낮으며 손아랫사람들이 거주한다. 아래층에는 사람이 살고 위층은 창고로 쓴다. 천정은 생활과 조를 말리거나 양식을 가공하는 생산을 동시에 고려한 공간으로 대개 바닥에 벽돌을 깔고 화초를 심어 꾸며 놓았다. 납서족의 집에는 방 앞에 넓고 커다란 하자(厦子)**가 있는데 이는 여강 납서 가옥의 특징 중 하나로 여강의 온화한 기후와 밀접한 관련이 있다. 납서족 사람들은 밥을 먹거나 손님을 접대하는 등의 일반적으로 방에서 하는 활동을 대

* **垂魚板**: 페디먼트 가운데 걸려 있는 건축 자재로 틈을 막아주고 구조를 단단하게 잡아주며 장식의 기능을 한다.

** **厦子**: 외랑(外廊)을 말한다.

부분 이곳 하자에서 한다. 한편 대연고성은 대대로 시장 교역이 발달하여 납서족의 상업적 마인드도 비교적 발달하였는데, 길가에 있는 집에서는 하자를 가게 출입구로 이용하기도 한다.

사실 한 민족의 문화와 삶에는 종종 타문화가 섞이기 마련이어서 민족 고유의 문화라고 확실히 단정 짓기가 어렵다. 하지만 집 뜰이나 하자, 점포 등에서 볼 수 있는 진실하고 소박하며 자연스러운 삶은 분명 납서족의 평화롭고 담백한 기질을 나타낸다. 이러한 건축물에 들어서면 진정한 납서 문화를 몸소 느낄 수 있을 것이다.

– 왕동(王冬) | 교수, 박사 연구생

1| **쿠빌라이**(Khubilai, 1215~1294): 칭기즈칸의 손자. 국호를 원(元)으로 고치고 대도(大都, 현재의 북경)를 도읍으로 정하였다. 남송을 멸망시키고, 통일된 다민족 국가의 발전을 위해 공헌하여 원나라의 기초를 다졌다.

2| **주원장**(朱元璋, 1328~1398): 명(明)나라의 초대 황제. 자는 국서(國瑞), 연호는 홍무제(洪武帝), 묘호는 태조(太祖), 시호는 고황제(高皇帝). 재위 중에 모든 권력을 황제에게 집중시키기 위해 군사, 행정, 교육의 개혁을 완수하였다.

3| **옹정**(雍正, 1678~1735): 청나라 제5대 황제(1722~1735 재위)로 강희제의 넷째 아들이다. 황권 강화를 위해 대대적인 숙청을 단행한 후 합리적인 사고를 펼쳐 내치에 힘썼다. 천민신분제를 폐지하고 지방 백성의 삶을 살피는 등 강희, 옹정, 건륭에 이르는 전성 시기를 이어나간다.

4| **정간식**(井干式): 목재를 겹겹이 쌓아 건물의 벽체를 이루는 방식을 이른다.

5| **조셉 락**(Joseph F. Rock, 1884~1962): 미국 국적의 오스트리아 식물학자, 지리학자, 인류학자이다. 내셔널 지오그래픽의 중국 주재원으로 여강에 대한 심도 있는 연구를 진행했다.

제4장 • 중서합벽(中西合璧), 다원 문화의 융합

– 화교의 고향 오읍(五邑)

서구식 주랑(柱廊)과 중국식 지붕의 혼합

광동(廣東)의 오읍(五邑) 지역에는 형식과 장식 면에서 중국 전통 건축과는 현저히 다른 양식의, 선명한 이국 문화의 색채를 띤 가옥들이 매우 많다. 곳곳에 로마식, 고딕식, 비잔틴식, 이슬람식, 전통 중국식 등 온갖 양식이 한데 뒤섞여 있는데 이러한 독특한 풍경은 이곳의 독특한 역사적 배경에 기인한다.

오읍 지역은 중국의 유명한 교향(僑鄉)*이다. 청나라 말기에서 중화민국(中華民國)[1] 초년까지 오읍의 청년들은 생계를 위해 대거 해외로 이주하였다. 1999년의 통계 자료에 의하면 오읍 출신의 해외 화교와 홍콩, 마카오, 대만에 거주하는 오읍 출신 화교는 총 3,600,000명에 달하며, 이들은 전 세계 오대주 100개 국가와 지역에 퍼져있다. 이들은 해외에서 돈을 벌어 고향에 큰 부를 안겨다 주었을 뿐 아니라 서구의 신사상, 신사조를 중국에 전파하였는데 그중에는 서구의 건축 문화와 기술도 포함되어 있었다. 때문에 오늘날의 오읍 가옥은 중국 전통 건축과 외래문화가 서로 어우러져 중서합벽(中西合璧)**이라는 지역적 특징을 갖게 되었다.

오읍은 특정 지명이 아니고 광동성(廣東省) 신회(新會), 태산(台山), 은평(恩平), 개평(开平), 학산(鶴山)의 다섯 지역의 속칭이다. 이 다섯 지역은 현재 광동성 중부의 강문시(江門市) 행정 구획 내의 사시(四市)에 속해 있다. 왜 사람들은 이 지역을 오읍이라 통칭하는 걸까? 사실 오읍은 지리적 개념이면서 지역 문화를 상징하고 있으며 서로 같은 문화를 공유하는 사람들의 생존 환경을 반영하고 있다. 이러한 문화는

* 僑鄉: 화교의 고향을 지칭

** 中西合璧: 중국과 서양의 장점을 취해 합한다는 뜻

마을 안의 조루들

오읍이라는 지역 내에서 기나긴 역사를 거쳐 탄생한 것으로 광동, 광서의 다른 지역의 문화적 특징과는 차이를 보이는데 이는 오읍 지역의 공통된 방언, 역사, 지리와 기후 환경에서 드러난다. 가옥은 지역 문화가 물질적으로 생동감 있게 발현된 것이라 할 수 있는데 이 때문에 오읍 가옥은 전체적으로 많은 공통점을 갖고 있으며 교향 문화의 특수성이 깊게 투영되어 있다.

화교 역사의 산 증인 조루(碉樓)

교향에서 가장 깊은 인상을 주며 교향 지역의 특색을 가장 잘 반영한 건축물이 바로 마을과 교외에 여기저기 들어서 있는 조루 가옥이다. 조루란 말 그대로 하면 방어용 망루(碉堡) 같이 생긴 건물로 주 목적은 집과 마을을 지키고 도적의 침입을 막는 것이다. 긴급 상황이 발생하면 사람들은 안전을 위해 모두 조루로 옮겨간다. 조루 윗부분에는 대부분 밖으로 돌출된 회랑(回廊)이 있어 건물 내의 거주자가 아래를 굽어보면서 방어와 공격을 하기에 편리하다. 조루는 일반적으로 마을의 뒤편과 양측에서 전체 마을을 한눈에 내려다 볼 수 있는 곳에 위치해 있는데 마을마다 적게는 2, 3채에서 많게는 7, 8채가 있다. 오읍 각지에는 대량의 조루가 있는데 특히 개평(開平)에 가장 많으며 잠정적인 통계로 개평에만 1,400여 채가 있다.

교향 대산(臺山)의 단석루(耑石樓). 조형이 아름답고 적절한 비례를 보인다.

조루와 같은 건축 형식은 그 기원이 비교적 이른데 청나라 초기에 개평현(開平

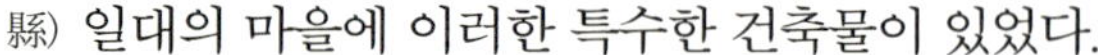
縣) 일대의 마을에 이러한 특수한 건축물이 있었다.

20세기 초에 들어 해외 화교의 자본이 대량으로 유입되면서 대다수 화교 가정의 경제 형편이 크게 좋아져 태산현(台山縣)에만 1929년 이전까지 매년 유입되던 화교들의 돈은 10,000,000달러에 달하였고 1929년 이후에는 30,000,000달러로 상승하였다. 그러나 이와 동시에 이 지역의 치안이 점점 악화되어 이곳의 부호는 도적들의 '주요 표적'이 되고 토비(土匪)가 마을에 횡행하면서 민가를 습격하고 인질과 재물을 약탈하였다. 이에 사람들은 자발적으로 조직을 만들고 조루를 세워 스스로를 지킬 수밖에 없었다. 오늘날 조루는 방어 역할이라는 현실적인 의의를 잃어버렸지만 역사의 굴곡을 몸소 보여주며 독특한 역사적 분위기를 자아낸다. 또한 이국적인 아름다움을 가지고 있어 연구해 볼 만한 또 하나의 지역 특색을 갖는 민가 건축이라 하겠다.

오읍의 조루는 일반적으로 3층에서 6층이고 높은 것들은 7층에서 9층으로 되어 있다. 평면(平面)은 기본적으로 사각형이며 전체 모습은 건물의 몸통, 출도층(出挑層)*, 지붕의 세 부분으로 나누어진다. 건물 몸통의 아래 부분은 방어를 위해 벽체가 견고하고 두꺼우며 창문 크기는 작고 총 구멍을 많이 뚫어 놓았다. 이러한 군사 방어 기능을 위한 일련의 제약 때문에 건물의 형체는 비교적 간결하며 육중한 벽면은 거대한 중량감과 폐쇄감을 느끼게 한다. 하지만 이곳은 진짜 망루라기보다는 사람이 사는 공간인 관계로 미적인 추구와 삶에 대한 열정도 드러나 있는데 창틀 위쪽에 있는 정교한 무늬가 그 예이다. 조루의 견고한 몸체 위쪽에는 상대적으로 자유로운 스타일의 출도층이 있어 경계를 서고 외부로 공격을 가하는 등 군사 용도로 쓰이며 회랑의 벽면과 바깥

* **出挑層**: 몸통 밖으로 튀어나온 회랑층

상 개평의 경수전루(敬壽田樓)

하 대문 틀의 정교한 장식

면에는 모두 총을 겨눌 수 있는 사다리꼴의 작은 구멍이 나 있다. 출도층의 모서리는 원통형이나 팔각형 모양의 제비집처럼 생겼으며 기둥은 대부분 유럽식이다.

출도층은 군사적 용도 외에도 미학적, 생태학 의미를 발견할 수 있는데 탁 트인 회랑은 미학적으로는 아래쪽의 폐쇄적인 석벽과 서로 어울려 허실(虛實)의 대비를 이루며 생태학적으로는 통풍과 제습 작용을 하여 광동, 광서 지역의 습하고 더운 기후를 이기게 해준다. 조루의 지붕은 건물의 정수로써 대개 사각형이나 다각형의 기단 위에 세워지며 다채로운 스카이라인을 형성한다.

사용된 건축 자재와 구조 형식에서 구분해보면 조루는 니루(泥樓), 청전루(靑塼樓), 철근 콘크리트의 세 가지로 나뉜다. 굳게 다진 진흙과 청전(靑塼)은 중국 가옥에 쓰이는 전통적인 재료이며 철근 콘크리트는 서구 문화의 영향을 받은 것이다. 이러한 조루는 1920~30년대에 많이 지어졌는데 화교와 그 친지들이 각국의 여러 건축 양식을 들여와 당시로는 가장 선진적인 시공 자재와 기술을 이용해 개인적으로 지은 것들이다. 이 건축물들은 동서고금 다원 문화의 교류 융합과 충돌을 여과 없이 드러내고 있는데 이는 두 가지 측면에서 살펴볼 수 있다. 첫째는 이렇게 작은 지역 안에서 중국 전통 양식, 고대 그리스 · 로마 양식, 유럽 중세 고딕 양식, 이슬람 양식 등 수많은 문화 요소가 응축되어 있다는 것, 둘째는 하나의 건물에 서로 다른 건축 양식을 절충하고 혼용하여 마치 '대병반(大拼盘)*'같은 느낌을 준다는 것이다.

교향의 또 다른 다층 민가인 '려(廬)'도 사람들의 이목을 끈다. 려는 경제 사정이 비교적 좋은 화교들이 지은 다층 주택의 별칭으로 지금의 별장 개념과 비슷한 것이다. 려는 통상 2, 3층으로 되어 있고 주위 환경이 멋스러운 곳에 지어진다.

중국식의 꽃무늬 난간과 서구식의 아치 기둥이 기묘한 조화를 이룬다.

* **大拼盘**: 두 종류 이상의 '량채(凉菜)'를 한 접시에 담아 놓은 요리

석루의 지붕은 변형된 비잔틴 양식으로 다채로운 형태를 그리고 있다.

려식의 건물도 중서 건축 문화의 충돌을 보여준다.

외관과 구조는 비교적 자유분방하며 일상생활을 하기에 편리하게 건축되어 있다. 조루와 구조 형식이나 건축 자재가 동일하여 외관은 조루와 비슷해 보인다. 그러나 층수가 낮고 창이 많아 벽면의 방어 역할은 약해지고 주거 공간으로서의 분위기를 더 살렸다. 그 외에도 려의 출도층은 조루의 전통적인 도랑(挑廊)*에서 점차적으로 요랑(凹廊)**으로 변하여 더욱 합리적인 공간 효과와 비례를 갖게 되었다.

* 挑廊: 밖으로 튀어나온 회랑

** 凹廊: 건물 안으로 오목하게 들어가 있는 회랑

*** 柱廊: 바깥쪽에 기둥이 세워져 있는 복도나 통로

밖으로 튀어나온 기루의 테라스

기루(騎樓)의 풍모

조루가 오읍 농촌 지역 주거 문화의 대표적인 건축물이라면 기루는 오읍 도시 지역 주거 문화의 대표적 건축물이다. 도시는 상품과 화물이 교환, 매매되는 집산지로 반드시 상업 활동이 수반된다. 과거에는 전문화된 대형 상업 시설이 드물어 아래층에서 장사를 하고 위층에서 거주하거나 집 앞에서 장사를 하고 안쪽에서 거주하는 형식의 주상 복합의 건물이 많았는데 바로 이러한 주상 복합식의 기루가 광동, 광서 지역 도시의 전형적인 가옥 형식이 되었다.

기루는 중국 남방 지역에서 흔히 볼 수 있는 상업 건축으로 대개 2, 3층으로 되어 있는데 1층의 정면에는 주랑(柱廊)***이 있고 수많은 건물의 주랑이 쭉 이어져 사람들이 다닐 수 있는 인도를 형성한다. 화남 지역은 무덥고 비가 많아 행인이 뜨거운 태양과 비를 피할 수 있도록 종종 인도에 주랑을 설치하였다. 도시가 발달하면서 사람들은 주랑의 위쪽에 방을 지어 건축 면적을 넓혔는데 이것이 최초의 기루였다. 기루는 물건을 사기도 편리하고 장사도 잘되어 상점과 고객 모두에게 적합하였다. 기루 같은 건축 형식은 중국 남방에 널리 퍼져 발전하였는데 이는 외국의 '아치형 주랑' 양식과 중국 남방 도시의 기

개평 당구진(塘口鎭)의 상업가. 건물은 위에서 아래로 명확하게 삼등분된다.

* **pediment**: 고전 건축에서 포티코(portico; 기둥으로 받쳐진 지붕이 있는 현관) 위에 놓인 삼각형 박공 또는 입구나 창문 위를 꾸미는 데 쓰인 그와 비슷한 형태

후 조건, 경제 활동이 서로 맞물려 탄생한 것이다. 기루는 탄생부터 명확한 혼혈 특성을 갖고 있다고 말할 수 있으며 조루와 마찬가지로 중국 전통 문화와 서구 문화의 '공존 공생'이라 하겠다.

기루 건축은 아래부터 위쪽으로 주랑, 건물 본체와 지붕 쪽의 페디먼트(pediment)*의 세 부분으로 구분된다. 주랑에는 중국과 서양의 각종 기둥 양식이 혼재되어 있다. 어떤 기둥머리의 장식은 고대 그리스·로마 양식에서 따 왔고, 어떤 것은 간단한 중국식의 원주(圓柱)나 방주(方柱)로 되어 있다. 건물 본체 부분은 세 가지 형식으로 구분할 수 있는데 첫째는 벽면에 창문을 내고 중국식이나 서양식 장식을 여러 개 한 것, 둘째는 건물 안쪽으로 외랑(外廊)을 만들어 고대 그리스·로마 기둥 양식을 대거 채용하고 이슬람식의 뾰족한 아치형 행랑을 만들어 놓은 것, 셋째는 밖으로 돌출된 테라스를 만든 것으로 테라스의 평면과 난간 양식은 매우 자유로우며 사

개평 적감진(赤坎鎭)의 기루 상업가. 혼잡한 거리에 활력이 넘친다.

좌 기루 지붕의 페디먼트와 벽
우 기이한 스타일의 기루 지붕

각형, 활 모양, 꺽은 선 모양 등이 있다. 테라스의 난간에는 여러 문양을 조각하여 놓았는데 조립식으로 갖다 붙인 난간도 있고 금속 공예로 꽃을 장식한 난간도 있다. 기루의 지붕은 더욱 다양한 모습을 보여준다. 대부분 서양의 바로크, 로코코 양식을 압축한 조형 도안을 채용하고 있으며 심지어는 서양식 정자(亭子)를 축소하여 건물 위에 올려놓은 것도 있다.

기루는 대부분 번화하고 밀집된 상업가에 있으며 일반적으로 거리를 따라 일직선으로 쭉 들어서 있다. 도시의 높은 땅값 때문에 기루의 평면은 폭이 좁고 긴 특징을 갖게 되었으며 이곳의 환기, 수도, 배수, 교통은 주로 건축 내부의 천정, 청당(廳堂)과 복도에 의존하여 자체적으로 해결한다. 밀집도가 이렇게 높은 건물의 구도는 외관상으로는 안 좋아 보일 수 있으나 사실 현지 기후에는 강한 적응력을 가지고 있다. 광동, 광서 지역은 여름이 길고 무더우며 일조 시간이 긴데 이렇게 높은 담과 좁은 골목이 많게 되면 대다수 지역이 건물의 그림자 안에 들게 되고 특히 깊은 천정이 갖는 뛰어난 통풍 효과로 사람들은 시원함을 느끼게 된다.

기루 사이를 걷다보면 가장 먼저 느끼게 되는 것이 쭉 늘어선 기루

적해진 전체에 늘어서 있는 기루 상업가

가 풍기는 질서정연함인데 이는 기루의 뛰어난 시각적 연속성 때문이라고 말할 수 있다. 기루 건물들은 촘촘하게 일렬로 쭉 들어서 있어 마치 빽빽한 물고기의 비늘같은 운율감을 준다. 거리에 있는 각각 기루들 내부의 점포나 방은 모습은 서로 달라도 건물들의 층수나 높이, 그리고 점포와 방의 크기가 비슷하고 색채가 서로 잘 어울려 번화한 상업가를 이루고 있다. 민중들이 스스로 일구어낸 이러한 건축군은 전통 사회의 '도시 설계'라 해도 과언이 아니며 대다수 현대 건축가들의 감탄을 자아내고 있다.

도시 경관의 측면에서 볼 때 기루에는 각종 문화가 다원적으로 융합되어 있어 서로 관련이 없거나 심지어 모순적이기까지 한 각양각색의 사물들이 어우러져 드라마틱한 삶의 풍경을 만들어 내고 있다. 각종 건축물이 한데 뒤섞여 있고 각양각색의 간판과 표지가 걸려 있으며 노점 상인들이 갖가지 물건을 소리치며 팔고 있는 모습들은 무질서해 보이면서도 활력으로 가득 차 있다. 바로 이러한 '혼잡함'이 가져온 생기와 활력 덕분에 거리에는 즐거움과 삶의 정취가 넘쳐난다. 이렇게 생기 넘치는 혼잡함은 번화한 도시 거리에 유익하고도 필요한 것이리라.

옛 풍채를 그대로 간직한 사당(祠堂)

교향 건축 문화의 다원적 융합의 특징은 일반 가옥뿐 아니라 마을 안에 있는 각 가문들의 정신적 구심점인 사당에서도 드러난다. 몇천 년을 이어온 종법(宗法) 제도는 중국인들의 마음속에 뿌리 깊게 박혀 있어 누구라도 타지에서 높은 벼슬을 하거나 큰 돈을 벌면 강렬한 종족 의식과 친밀한 혈연관계로 인해 항상 '영광을 고향으로 돌리고(榮歸故里)', '낙엽이 떨어지면 뿌리로 돌아가고(葉落歸根)', '귀향하여 제사를 올리고(還鄉祭祖)'자 하는 의식이 강했는데 이러한 점은 해외 화교들에게서 특히 두드러졌다. 그들 사이에서 이러한 종법의 영향은 가족에 대한 애틋함과 고향에 대한 짙은 그리움, 열정적 애국심으로 승화되었다. 20세기 초에는 수많은 화교가 고향으로 돌아와 공장과 학교를 세우고 공공사업에 투자를 하여 교향의 사회 경제 문화를 크게 발전시켰는데 이러한 사실에서 많은 화교들이 몸은 외국에 있어도 언제나 중국을 생각하며 중국의 전통 문화를 이어가고 있음을 알 수 있다. 이들은 해외에서의 사업이 성공하면 전통 관습에 따라 고향이나 해외에 사당을 세워 조상을 기리고 후손들을 격려하곤 한다.

교향에 있는 모든 것들은 특수한 지역 문화와 경제 배경을 반영하고 있다. 화교들은 외국에서 오랫동안 생활을 하면서 자의든 타의든 서구의 여러 가지 생활 방식과 심미관을 받아들이게 되었다. 그들이 건립한 사당도 이러한 사상 관념의 변화를 반영하여 건축 평면, 장식 스타일, 건축 기술과 자재의 사용에 있어 '중서합벽', '다원융합'의 특징을 갖고 있다.

오읍에서 화교와 그 가족들이 건립한 사당 중 현존하는 것으로 가

개평 풍채당

장 유명하고 전형적인 것이 바로 개평의 '풍채당(風采堂)'이다. 이 건물은 개평의 세 부두 중 하나인 적해진(荻海鎭)의 교적취허(茭荻嘴墟)에 세워져 있는데 국내외에 있는 충양공(忠襄公) 여정(余靖)[2]의 자손들이 그를 기리기 위해 세운 사당이다. 사료에 의하면 여정은 송(宋)나라의 명신(名臣)으로, 광동 곡강(曲江) 사람이며 자는 안도(安道), 호는 무계(武溪), 시호는 왈양(曰襄)이다. 벼슬은 조산대부(朝散大夫)에 이르렀다. 자손들은 그를 기리기 위해 곡강(曲江)[3]에 사당을 짓고 '풍채루(風采樓)'라 이름 붙였다. 후에 국내외의 여씨 후손들은 모두 '풍채(風采)', '무계(武溪)'라는 이름을 건물이나 조직에 붙여 조상을 기렸는데 미국에 있는 풍채당, 무계공소, 여풍채당이나 광주에 있는 무계서원(武溪書院) 등이 그 예이다.

상좌 기단, 난간에는 수많은 정교한 석조(石雕)가 있다.

상우 위로 곧게 뻗쳐 있는 방이 산장의 모습

하 풍채당 입구 대문 장식의 세부 모습

개평 풍채당은 청 광서(光緖)[4] 2년(1906)에 세워졌는데 주 건물은 풍채당과 풍채루로 구분되며 총 면적은 5,364m²이다. 개평현 적해진의 교적취허는 삼면이 물로 둘러싸여 있으며, 풍채당이 조상을 기리기 위한 건물이지만 학교가 같이 붙어 있는 위치 특성에 맞게 동쪽에 광장을 만들어 놓아 대형 집회나 학생들의 체력 단련에 사용하도록 하였다. 광장의 동서 축선상에는 주 건물인 풍채당이 세워져 있고 그 뒤쪽엔 서양미가 물씬 풍기는 풍채루가 있다.

풍채당은 중국의 건축 기술자들이 서양 건축 양식을 참고하여 설계하고 지은 것으로 민간 경로를 통한 중서 건축 문화 교류의 산물이다. 민간 건축가들은 정규 교육을 거치지 않아 소위 말하는 건축 '법식(法式)'의 구속을 덜 받는 관계로 중국과 서구의 건축 양식과 기술을 자연스럽고 생동감 있게 섞어 응용하였다. 풍채당의 구조나 기능은 일반 전통 사당과 같이 삼좌삼진십오청육원(三座三進十五廳六院)*으로 되어 있다(맨 양측의 건물은 2층으로 되어 있음). 건물 전체의 구도는 균형감 있고 빈틈이 없으며, 아름다우면서도 웅장하고 독립적이면서도 서로 유기적인 큰 규모의 '사합원(四合院)'을 이룬다. 이 건축에서 조형상 가장 큰 특징을 가지면서도 매우 성공적인 부분이 바로 나란히 세워져 있는 18개의 봉화산장(封火山牆)**이다. 이 봉화산장들은 마두장(馬頭牆)을 원형으로 하면서 현지 사당의 방이산장(方耳山牆)의 전통을 이어받아 독특한 스타일의 조형 형식으로 태어났다. 각각 3층의 계단 형식으로 된 방이산장은 각 층의 꺾인 각도가 75도의 예각으로 되어 있어 날개 끝이 하늘로 곧게 치켜 오르는 듯한 시각적 효과를 준다.

건축 장식의 공예 측면을 보자면 사당 내부의 각 건물에는 정문, 고대(鼓臺), 석벽의 팔선과해부조(八仙過海浮雕) 등 다량의 석조, 목조, 전조, 도기 장식과 금속 주조 등 전통 건축 공예로 장식되어 있고 세부 장식에는 서구의 건축 기법이 녹아 들어있다. 예를 들면 큰길로 직접 이어지는 좌우 양쪽 입구의 처마는 중국과 서구식을 혼용하여 꾸몄으며 지붕은 서양의 삼각형 벽면인 페디먼트로 처리하고 그 위에는 소용돌이 모양의 조각 장식을 얹었다. 바로 밑에는 유리 유약을 바른 중국의 오지기와(琉璃瓦)를 얹은 작은 처마가 있는데 중국적 특색을 띤 산수 벽화가 그려져 있다. 다시 그 밑에 있는 편액의 글씨에는 서구식의 세부 장식을 더하여 서양식의 아치형 문을 지나가는 효과를 준다.

상 풍채당 내부 공간과 세부 장식

하 중국식 산수화와 서구식 아치문의 공존하는 통로 입구

* **三座三進十五廳六院**: 진(進)이란 하나의 정원을 낀 건물의 단위를 말한다. 여기서는 세 개의 정원 단위가 세 줄로 늘어서 있는데 가운데 통로를 제외하고 총 6개의 정원과 15개의 청당(廳堂)을 가진 구조라는 의미이다.

** **封火山牆**: 건물 양측에 지붕보다 높이 지어진 담으로 다른 건물의 화재가 이 쪽으로 번지는 것을 막아준다.

풍채당의 중서합벽을 보여주는 처마. 서구식의 꽃무늬 철주가 중국식의 오지기와를 받치고 있다.

풍채당 내의 기둥도 중서합벽의 걸작품으로 어떤 기둥의 꽃 장식은 완전히 서양 고전의 그리스·로마 양식을 본떠 만들어져 있으나 기둥 자체에는 날카롭거나 부드러운 홈이 전혀 없고 그리스·로마 양식 기둥에서 보이는 비례가 생략되어 있다. 또한 몇몇 기둥은 중국식의 기단 위에 세워져 있다. 기둥은 대부분 석주(石柱)이며 간간히 철주(鐵柱)도 보인다. 본당 앞에 뻗어 나와 있는 팔각형의 추녀는 꽃 장식이 있는 네 개의 철주가 녹색의 오지기와 지붕을 떠받치는 양식으로 되어 있어 새로운 자재와 기술이 쓰인 것을 알 수 있다.

오읍의 조루, 기루, 사당 등 일련의 건축물은 모두 명확한 공통점을 갖고 있는데 바로 외래문화를 과감히 받아들이고 향토 문화와의 공생과 융합을 적극적으로 이끌어 내어 새로운 건축 문화를 탄생시켰다는 것이다. 오읍 가옥들은 대다수가 전문 건축가가 아닌 일반 민중들이 법식이나 규칙에 구애받지 않고 지은 것들로 유익하거나 실용적인 형식이라면 과감히 채용하였다. 교향의 가옥은 이곳 사람들의 개방적인 태도와 광동, 광서 지역의 신선함, 변화 그리고 더 좋은 것을 추구하는 창조적인 문화를 반영하고 있다.

– 욱풍(郁楓) | 박사 연구생

[1] **중화민국**(中華民國, 1911~): 1911년 신해혁명(辛亥革命)이 청나라를 멸망시킴으로써 2000년의 전제 정치를 끝내고 수립한 민주 정부. 1949년 공산당 정부가 들어서면서 대만으로 이주해 현재까지도 대만의 정식 국명으로 사용되고 있다.

[2] **여정**(余靖, 999~1064): 송나라의 명신으로 문학에 뛰어난 재능을 보였다. 『무계집(武溪集)』 등의 유명한 저서를 남겼다.

[3] **곡강**(曲江): 지금의 소관시(韶關市) 속현(屬縣)

[4] **광서**(光緒, 1871~1908): 청나라의 제11대 황제(1874~1908 재위). 황제로 등극하긴 했지만 사실상 모든 권력은 서태후가 장악했고 사회적 분위기는 서구 열강의 침탈이 시작되던 때였다. 변법자강책을 받아들여 개혁을 시도했으나 서태후를 위시한 수구파에 밀려 실패하고 유폐된 채 생을 마감한다.

제5장 • 작은 다리, 수로(水路), 가옥

– 수향(水鄕) 소흥의 정취

수로가 많은 택국(澤國)(촬영 진신(陳新))

소흥(紹興)[1]은 역사와 문화의 도시로 수향(水鄕), 교향(橋鄕), 주향(酒鄕), 희곡향(戱曲鄕)이라 불린다. 이곳은 유구한 역사를 자랑하며 방대한 인류 문화유산이 보존되어 있다. 그리고 이러한 유구한 역사와 문화의 물질적 매개체인 소흥 가옥은 긴 세월에 걸쳐 월주(越州) 사람들의 문화적 정수가 응축되어 있으며 독특한 인생철학, 기술, 심미관을 보여주고 있어 많은 사람들의 관심을 끌고 있다.

소흥은 강남(江南) 항주만(杭州湾) 남안(南岸)의 영소 평원(寧紹平原) 서부, 회계산(會稽山)의 북쪽에 위치하고 있으며 관할 지역으로 소흥현(紹興縣), 제기시(諸暨市), 상우시(上虞市), 승주시(嵊州市), 신창현(新昌縣)과 월성구(越城區)가 있다. 인구가 많고 예부터 생선과 쌀이 많이 나는 소흥은 오랜 역사를 가지고 있으며 문헌 기록도 셀 수 없이 많다. 4000여 년 전에 "우가 강남에서 제후를 만나 논공행상을 하고 붕어하니 이곳에 장사를 지내 회계라 명하였다(禹會諸侯于江南, 計功而崩, 因葬焉, 命曰會稽)."는 기록이 있고, 춘추 전국(春秋全國)[2] 시대에 소흥은 월(越)나라의 중심 지역으로 월왕 구천(勾踐)[3]은 '와신상담(臥薪嘗膽)'을 통해 힘을 다해 나라를 다스리다 결국 오(吳)나라를 멸망시키고 월나라를 흥성케 하였다. 후에 진나라는 천하 통일을 한 후 이곳에 회계군(會稽郡)을 설치하였다. 남송 건염(建炎)[4] 4년(1130)에 금나라가 막 패하여 물러가자 고종(高宗)[5] "누대(累代)의 평화를 이어받고 100년의 대업을 흥하게 한다(紹奕世之宏休, 興百年之丕緖)."라는 의미에서 그 다음 해를 소흥 연간으로 정하고 월주를 소흥부(紹興府)로 승격시키면서 이때부터 소흥으로 불리게 되었다.

특정한 지리적, 역사적 조건에서 특정한 문화권이 탄생하며 아울러 각 지역의 가옥들도 이에 따라 정형화된다. 소흥은 절강 고월(古越) 문화권의 핵심 지역이자 강남 한족 문화권을 구성하는 주요 지역으로 소흥 가옥은 본질적으로 강남의 천두식 목가구 구조에 속한다. 크게 보면 소흥 가옥은 다른 강남 인접 지역의 휘주 가옥, 소주 가옥과 공통된 부분이 있긴 하나, 자세히 살펴보면 '수향택국(水鄕澤國)'이라 불리는 소흥의 지역적 특징과 독특한 역사 문화의 발전으로 인해 특유의 강렬한 개성을 나타낸다. 바로 이러한 배경들이 풍부하고 다채로운 소흥을 만들어 내었으며 작은 다리, 시냇물, 가옥이 어우러진 수향의 풍경을 그려내는 것이다.

거울 같은 수면

* 轎店臺門: 가마를 파는 곳

** 錫箔臺門: 석지와 은종이를 파는 곳

상 대문의 문조(門罩)

하 여전히 예스러움을 간직하고 있는 건물

월도(越都) 3,000채의 대문(臺門)

소흥 가옥의 지역적 특징은 공간 형태에서 뿐 아니라 그 이름에서도 개성이 드러난다. 규모가 꽤 큰 주택은 일반적으로 '대문(臺門)'이라 부르는데 보통의 초당(草堂)이나 누추한 집은 이러한 칭호를 가질 수 없다. 과거의 소흥성(紹興城)은 '대문삼천(臺門三千)'이라 불릴 정도로 집들이 즐비하게 늘어서 번화한 강남의 모습이 장관을 이루었다. 평면을 보면 대문은 대개 입구에서부터 일렬로 대문(大門), 청당(廳堂), 정옥(正屋), 후당(後堂)으로 배치되어 있고 건물의 중앙 축선을 중심으로 양측에 있는 상방(廂房)은 대개 보조 침실, 창고, 주방으로 쓰였다. 각 건물들은 천정을 통해 서로 연결되어 건물 내부의 환기와 채광 문제를 해결하였다. 규모가 비교적 큰 대문은 종종 다섯 채나 그 이상의 건물이 있다. 중국 전통 건축의 정남정북(正南正北) 배치가 적용된 소흥 가옥의 평면은 종종 남북 방향이 좁은 긴 직사각형이다. 건물은 방화와 방범을 고려하여 폐쇄적으로 되어 있는데 특히 산장(山牆)에 창이 거의 나 있지 않으며, 건물 내부는 천정을 향해 트여 있어 생기가 넘친다.

전통 대문은 대체로 4가지로 분류할 수 있다. 관직에 따라 어사대문(御史臺門), 진사대문(進士臺門), 상서대문(尙書臺門), 업종에 따라 교점대문(轎店臺門)*, 석박대문(錫箔臺門)**, 약점대문(藥店臺門), 건축 특징에 따라 죽사대문(竹絲臺門), 철판대문(鐵板臺門), 팔괘대문(八卦臺門), 성씨에 따라 왕가대문(王家臺門), 장가대문(張家臺門), 임가대문(林家臺門) 등으로 구분한다. 중국인은 예로부터 가족이 한데 모여 사는 전통이 있어 모든 대문에는 그 집안의 흥망성쇠와 무수한 역사 고사가 담겨 있으며 사회 구조의 변천이 반영되어 있다. 오늘날 많은 대문은 이미 황폐해져 원래의 주인은 찾을 수 없으나 오래된 대문에 녹아있는 삶의 방식과 숨결은 여전히 소박하고 정감이 가며 고월 문화의 운치를 느낄 수 있다.

좌 깊이 들어간 골목

우 세월의 풍파를 겪은 장가 대문

소흥 가옥은 대개 1층이나 2층으로 되어 있고 평면은 건물의 축선을 중심으로 반드시 엄격한 대칭을 이루지는 않는다. 입구는 보통 정면 옆쪽에 있는 농당(弄堂)*에 있으며 위층에는 방이 있다. 좁고 서늘한 농당을 따라 폐쇄된 천정으로 들어서면 갑자기 확 트이는 느낌을 받는다. 소흥 가옥의 설계자는 방식에 규제를 받지 않고 상황에 맞게 자유자재로 건물을 배치하였으며 모든 천정은 크건 작건, 넓건 길건 간에 계단을 통해 들어가게 되어 있어 전혀 새로운 공간 감각을 선사한다. 규모가 비교적 큰 대문에는 속칭 포마랑(跑馬廊)이라 부르는 천정의 2층 주위를 빙 둘러싼 복도가 있어 아래위가 탁 트인 공간 체계를 구성하고 있다. 이곳에서는 아래 위층 간에 편하게 대화할 수 있다.

대문과 대문 사이에는 통상 좁은 골목이 있는데 이곳에는 대개 청석판(青石板)이 깔려 있는데 장마철에 강남 특유의 보슬비에 젖은 골목들이 멀리까지 뻗어있는 모습을 보면 마치 안개비 자욱한 한 폭의 수묵화를 보는 듯하다. 도로 양쪽의 산장 하부는 징두리 벽판(牆裙)에 해당하는데 종종 석벽으로 외벽을 해놓아 안쪽의 기와벽이 상하지

---

* **弄堂**: 골목. 상해와 강남 일대에서는 '농탕', 북경에서는 '후퉁(胡同)'이라고 부른다.

않도록 보호하는 역할을 한다.

세심하게 신경을 쓴 대문에는 목조와 석조가 비교적 많은데 이를 통해 민간 공예 예술을 한층 더 이해할 수 있다. 목조는 주로 문창(門窓)의 격선, 사탱(斜撑)* 등에 쓰이며, 길상(吉祥) 도안, 동물, 역사 인물 등을 새겨 넣는데 조각이 매우 세밀하고 생생하게 표현되어 있다. 목조에는 기본적으로 색을 입히지 않기 때문에 목재의 원색을 가지고 있는 몇몇 조각들은 시간이 지나면서 점차 빛이 바래 암갈색으로 변한 것도 있다. 격선 같은 것에는 검은색 옻칠을 하기도 하는데 하얗게 칠한 벽과 어울려 고풍스러운 맛을 자아낸다. 석조는 문조(門罩), 용마루에 많이 쓰이는데 대부분 장식용 소품 형태가 많다. 또한 많은 집에는 투조(透彫)** 형식의 화창(花窓)을 볼 수 있는데 주로 선형 문양이 조각되어 있고 가운데 새겨진 글자나 길상 도안과 서로 어울려 정교하고 균형 잡힌 아름다움을 뿜낸다.

몇몇 학자들은 소흥 건축을 '흑(黑), 백(白), 회(灰)'의 예술이라고 말한다. 전통 마을을 거닐다 보면 하얗게 칠한 벽, 검은 기와, 청회색의

상좌 정교한 석조(石雕)

상우 오봉선(烏篷船)

하 건물 구재의 목조(木雕)

* **斜撑**: 중국 전통 건축 자재로 들보와 기둥이 맞물리는 곳에 설치하며 민가에서 흔히 볼 수 있다.

** **透彫**: 여백을 완전히 파내어 앞뒤에서 감상할 수 있는 조소

석교, 암갈색의 격선 그리고 소흥만의 독특한 '삼오 문화(三烏文化)*'를 곳곳에서 마주치게 되는데 고요하면서도 우아한 강남 수향의 분위기가 흠뻑 느껴진다. 삼오 문화와 흑, 백, 회색이 어울린 건축 공간으로 인해 사람들도 자연스럽게 함축적이고 심오한 심미관과 너그럽고 큰 마음을 갖게 되어 속세의 번잡함을 멀리하고 담백한 뜻을 갖게 된다. 짙은 수향 분위기 속에서 술 한 잔 들이키며 오봉선의 노를 젓는 이곳 사람들을 보면 한없이 유유자적하여 온갖 세상의 번잡스러움은 까맣게 잊어버린 듯하다.

옛 소흥

수로와 작은 다리가 어우러진 대문(臺門)

소흥 가옥의 가장 큰 특징은 바로 민가 취락과 수계(水系), 교량이 밀접한 관계를 맺으며 공생하고 있다는 것이다. 이는 수천 년에 걸친 고월 문화의 용수(用水), 치수(治水)와 이에 따라 형성된 수 문화(水文化)의 영향을 받은 것으로 건축의 부지 선정이나 수가 공간(水街空間)의 짜임새 등 여러 곳에서 명확하게 드러난다.

소흥 지역은 수로가 촘촘히 뻗어 있어 '수향택국'으로 국내외에 널리 알려져 있다. 이 지역은 원래 제4기 충적 평야에 속하는 곳으로 바

작은 다리, 수로, 가옥

* 三烏文化: 오봉선(烏篷船), 오전모(烏氈帽), 오간채(烏干菜)

좌 일하양가
우 일하일가

닷물이 들어왔다 나가면서 얕은 바다가 육지로 변하면서 수많은 호수와 강을 만들었다. 현재 이 지역에는 전당강(錢塘江)으로 흘러 들어가는 조아강(曹娥江), 포양강(浦陽江), 감호(鑒湖)의 수계가 있고 절동운하(浙東運河)가 북쪽에서 동서로 관통하며 남북쪽의 하류와 이어져 있어 북부 평원에 수많은 강들이 서로 얽혀 운집된 수계를 이룬다.

소흥은 대대로 아름다운 산과 호수로 유명했는데, "월산은 항상 푸르고 물은 언제나 맑다(越山長青水長白).", "수많은 바위들이 아름다운 자태를 뽐내고 계곡들은 힘차게 흐른다. 물이 맑고 나무가 울창하며 산천이 빛난다(千岩競秀, 百壑争流, 水木清華, 山川映發)."라며 칭송되었다.

고월의 조상들은 오랜 생산 활동을 통해 수로를 이용하고 다스리는 선진적인 방법을 습득하였는데 댐과 둑을 쌓거나 물길을 내고 운하를 파 홍수와 해조가 범람하고 늪과 연못이 잔뜩 있는 이곳을 일거에 강남의 어미지향(魚米之鄕)*으로 바꾸어 놓았다. 선진적인 수리 시설과 뛰어난 수리(水利) 조건 덕분에 현재 이곳은 홍수와 침수가 없는 택국(澤國)의 명칭을 얻게 되었다. 사람들은 건물을 지을 때도 물가 지역을 선호하여 대다수 가옥들이 앞이나 뒤에 수로를 끼고 있으며 심지어는 수로를 가로질러 세워지기도 하였다. 통계에 의하면 소흥에 있는 2,500개의 자연 촌락 중 80% 이상이 물가에 인접해 있어 수가(水

* **魚米之鄕**: 물고기(魚)와 벼(禾)가 많은 고장

좌 번헌장랑

우 소흥 팔자교

街), 수항(水巷), 수촌(水村), 수향이라는 말을 확인할 수 있다. 소흥 가옥에 있어서 물은 생산 활동의 요소이자 교통 통로이고 주거 환경의 유기적 구성이면서 월문화가 탄생하고 발전하게 된 원천인 것이다.

소흥의 전통 민가 취락은 대개 수로를 따라 들어서 있다. 육로와 수로의 교통 체계가 어떻게 얽혔느냐에 따라 '일하양가(一河兩街)*', '일하일가(一河一街)**', '유하무가(有河無街)***' 등의 형식으로 나뉜다. 인구 밀도가 비교적 높은 도시에서 대문(臺門) 한 채의 총 길이는 기본적으로 수로 옆 거리의 폭이 되며 대문의 배치는 대개 앞쪽에 거리, 뒤쪽에 수로를 둔 형식으로 되어 있어 거리 쪽으로는 점포를 내고 수로 쪽으로는 선창을 내어 화물을 실어 나른다. 전통 거리는 사람들이 보행할 수 있을 정도의 폭으로 좁은 편이나 대문 뒤편의 배가 다니는 수로는 지금의 자동차 도로에 해당할 만큼 폭이 넓다. 이렇게 사람과 차가 따로 다니는 효율성 있는 고대의 교통 체계를 통해 고월 선조들의 지혜를 엿볼 수 있다.

일하양가, 일하일가로 이루어진 전통 취락 구조에서 도로는 가옥과 수로 사이에 위치하여 육로 교통의 기능뿐 아니라 수로 운수의 나들목 역할도 한다. 나들목 역할은 선창을 통해 이루어지는데 소흥의 선창은 그 수가 매우 많아 수로 주변에 사는 주민들이 물을 긷거나

---

* **一河兩街**: 하나의 수로를 끼고 양쪽에 거리와 건물이 들어서 있는 것

** **一河一街**: 하나의 수로를 따라 한쪽에만 거리와 건물이 들어서 있는 것

*** **有河無街**: 거리나 건물이 없이 수로만 있는 것

소흥부성구로도(紹興府城衢路圖)

배를 탈 수 있게끔 되어 있고 어떤 곳에는 4, 5m마다 하나씩 설치되어 있다. 과거에 번화했었던 소흥가교(紹興柯橋)나 안창(安昌) 등지에서는 수로에 인접한 도로에 종종 '번헌장랑(翻軒長廊)'이라 불리는 긴 회랑을 설치하여 비바람을 피할 수 있게 하였다. 멀리서 바라보면 수로에 인접하여 길게 쭉 이어져 있는 짙은 색의 번헌장랑은 여기저기 세워져 있는 건물들을 한데 묶어놓은 듯한 느낌을 준다.

전통 취락의 수로에는 반드시 교량이 있게 마련인데, 소흥의 교량은 방대한 양과 큰 면적을 자랑한다. 청 광서 계사년(1893)에 그려진 〈소흥부성구로도(紹興府城衢路圖)〉에 보면 당시 성내에는 229개의 교량이 있었고 석교(石橋)는 "다섯 걸음마다 한 번 오르고 열 걸음마다

한 번 건넌다(五步一登, 十步一跨)."는 말이 있을 정도로 많아, 가히 "교량이 없으면 도시도 없고, 길도 없으며, 마을도 없다(無橋不成市, 無橋不成路, 無橋不成村)."라 할 만하였다. 현재 소흥은 현존하는 중국의 전통 교량의 종류나 수량 면에서 최고를 자랑한다. 목량교(木梁橋), 목공교(木拱橋), 부교(浮橋), 석량교(石梁橋), 다변형교(多邊形橋), 반원형석공교(半圓形石拱橋), 마체형석공교(馬蹄形石拱橋), 타원형석공교(橢圓形石拱橋) 등 모든 종류의 옛 교량들이 고스란히 남아있어 중국의 '고교 박물관(古橋博物館)'이라 불린다.

안창의 옛 다리

소흥의 교량은 건축물과 유기적으로 연결되어 있는데, 예를 들어 소흥시 성구(城區) 동쪽에 있는 송대팔자교(宋代八字橋)는 중국에서 현존하는 가장 오래된 도시 교량이다. "다리가 약간 비스듬히 세워져 있는데 그 모습이 팔자 모양이어서 이렇게 부른다(橋相對而斜, 狀如八字, 故得名)." 설계자는 독창적으로 다리를 설계하였는데 정교(正橋)를 주하(主河)* 위에 놓고 부교(副橋)를 양측의 인교(引橋)** 밑에 설치하였으며 이 두 개의 인교 아래에 다시 두 개의 네모난 수구(水口)를 뚫어 이곳으로 두 줄기의 수로가 통과한다. 전체 다리는 3개의 수로 위에 놓여져 있으며 삼거리로 연결되는 명실상부한 고대의 입체 교차로로서 교통 문제를 해결함과 동시에 건물의 택지를 침범하지 않았다는 점이 실로 뛰어나다. 또한 안창(安昌)에 있는 소석교(小石橋)는 다리의 한 편이 수로 가에 있는 두 채의 가옥으로 연결되는데 맞은편에서 보면 건축의 형태나 색채가 잘 어울리며 마치 교두보 같은 모습으로 다리와 한데 어우러져 있다.

* **主河**: 가장 크고 주된 수로

** **引橋**: 교량의 중심부인 주교와 거리를 이어주는 부분

희대(戲臺)와 사희(社戲)

소흥 수로변의 만년대(萬年臺)

소흥은 희곡의 고장으로 널리 알려졌는데 전통적인 신창고강(新昌高腔), 정취가 가득한 소흥란탄(紹興亂彈)* 그리고 중국에서 두 번째로 큰 전통 극파인 월극(越劇)이 있다. 희곡 예술이 크게 발달하면서 무대 건축도 많이 생겨났는데 저명한 문학가인 노신(魯迅)[6]의 『사희(社戲)』에는 "가장 눈에 뜨이는 것은 마을 밖 강 옆 빈터에 지어진 무대이다. 먼 달빛 아래 아련하게 보이는 무대를 보니 그림에서 본 듯한 신선 세계가 이곳에 나타났나 의심이 들었다."라는 생생한 묘사가 나온다. 소흥 지역에서는 예로부터 무대를 만년대(萬年臺)라는 독특한 이름으로 불렀는데 이는 영원히 계속되고 발전하는 희곡 예술을 상징하고 있다.

소흥 만년대는 대개 일련의 건물들의 중심 축선상에 지어진다. 정면은 사원이나 사당과 마주하고 있고 그 사이에 빈 공간은 관중의 객석이다. 무대의 평면은 전후로 나뉘어지는데 앞부분은 탁 트인 높은 무대며 뒷부분은 약간 폐쇄적인 상방(廂房)으로 극단 사람들이 휴식하고 분장을 하거나 도구를 두는 곳이며 무대의 배경으로도 쓰인다.

* **紹興亂彈**: 옛날 희곡의 극중 가곡의 하나

빈수희대. 『소흥고희대(紹興古戱臺)』(상해사회과학원출판사, 2000.5 출판)에서 인용

무대 정면은 대개 위패를 마주보고 있으며 뒤쪽은 극단 사람들이 수로를 통해 연극 도구를 옮기기 편리하게 되어 있다. 건축 예술 측면에서 보면 무대에서 눈에 잘 띄는 부분인 기둥과 대들보 등에는 장인들이 심혈을 기울여 조각이나 채색화를 그려 넣었는데 이 장식들은 섬세하고도 정교한 아름다움을 뽐낸다.

소흥의 전통 무대로는 빈수희대(濱水戱臺), 종사희대(宗祠戱臺), 사묘희대(寺廟戱臺)가 있는데 그중 민중들의 생활과 가장 친숙하고 수향의 특색을 잘 나타내는 것은 역시 거리 곳곳에 있는 빈수희대이다. 이 무대는 대부분 교량 근처나 교량 끝의 작은 공터에 세워져 있어 별다른 준비가 필요 없고 관중도 모이기가 편하며 특히 높이 솟은 다리는 최적의 관람석이 된다. 소흥의 전통 무대는 전통 취락의 전체 환경과 아주 밀접한 관계를 맺고 있는데 사람들에게 기본적인 휴식과 오락을 제공하는 장소이며 극의 내용을 통해 민중들에게 봉건 사회의 도덕 윤리를 깨우쳐주는 역할도 하였다. 또한 일종의 향토 문화로서 이곳 사람들이 그들의 이상과 바람을 표출하는 역할을 하기도 하였다. 건축 형식 측면에서도 수향 건축의 특징인 생동감과 다양함, 아름다

* **三面臨水**: 삼면이 물로 둘러 싸인 무대

** **跨河而立**: 수로에 걸쳐져 세워진 무대

*** **跨街而立**: 거리에 걸쳐져 세워진 무대

**** **河心設置**: 수로 한가운데 설치된 무대

움을 여실히 보여주며 여러 형태로 수로와 어우러진 모습이 수향의 전체적인 정취를 살리는 데 일조하고 있다.

무대와 주위 환경, 수로, 도로와의 관계에서 볼 때 빈수희대는 삼면임수(三面臨水)*, 과하이립(跨河而立)**, 과가이립(跨街而立)***, 하심설치(河心設置)****의 네 가지로 분류된다. 이중 가장 흔히 볼 수 있는 것이 삼면임수의 무대로 소흥현 마산구(馬山區) 안성(安城)의 무대가 그 예이다. 관객석이 부족한 경우 무대를 물 위에 짓는데 대개 삼면이 물로 둘러싸이고 무대의 정면이 물가 쪽을 향해 있다. 반면 어떤 무대는 측면이 물가 쪽으로 비스듬히 있거나 심지어 물가를 등지고 있는 특별한 경우도 있다. 왜 이런 무대가 지어졌을까? 그 이유는 소흥 전통 취락의 공공장소는 대부분 선형으로 이어진 거리여서 희곡을 공연할 때 넓은 면적의 관객석을 확보하기 힘든데 무대를 이렇게 설치하면 더 많은 관중이 관람할 수 있기 때문이었다.

지상의 건축 부지가 좁고 수로도 협소한 지역에서는 종종 무대를 수로 위에 짓는데 소흥 남문(南門)의 남산 어귀에 있는 용금장(龍錦庄) 무대 같은 곳은 무대에서 연극이 상연될 때 무대 아래에서 떠다니는 배의 모습이 수향의 정취를 물씬 풍긴다. 가장 흥미로운 것은 거리를 가로질러 세워진 무대이다. 평소엔 거리의 정자이지만 희곡을 상연할 때는 무대에 바닥을 깔아 사용하며, 그 외에는 여러 용도로 사용할 수 있다. 소흥 토곡사희대(土谷祠戲臺) 같은 곳이 이러한 경우로 지금까지도 온전하게 보전되어 있다. 수로 가운데에 세워진 무대는 특별한 경우에 설치되는 임시 건축으로 노신의 『사희』에 이러한 수상 무대가 묘사되어 있다.

고택에서 옛 정취를 만끽하다

소흥은 대대로 '어미지향'으로 널리 알려져 있으며 '걸출한 인물과

녹색과 대비되는 서석린 고택

우물, 걸상, 문, 연못, 등나무

영수(靈秀)한 땅(人傑地靈)', '유명 인사가 많이 모여 있는 곳(名人薈萃)'으로도 유명하다. 유구한 명인 문화(名人文化)로 인해 수많은 유명 인사들의 고택이 남아있는데, 여부(呂府), 청등서옥(青藤書屋), 삼미서옥(三味書屋) 그리고 중국 고대의 유명한 서예가인 왕희지(王羲之)[7] 고택, 중국 근대의 민주 혁명가 추근(秋瑾)[8]과 서석린(徐錫麟)[9] 고택, 현대의 유명한 교육가 채원배(蔡元培)[10] 고택 등이 있다. 그중에는 위풍당당한 저택도 있고 묵향이 은은한 학자의 집이나 소흥의 전통적 매력을 풍기는 빈수택원(濱水宅院)도 있다. 고월의 대지 여기저기 들어서 있는 이러한 명인들의 고적(故迹)은 소흥의 찬란했던 과거를 말해주는 동시에 아름다운 미래를 보여준다.

삼미서옥 정문

소흥의 유명한 여부(呂府)는 대표적인 대저택으로 명 가정(嘉靖)[11] 연간의 이부상서(吏部尚書) 여본(呂本)의 집이다. 여부는 동쪽의 만안교(萬安橋)부터 서쪽의 사공교(謝公橋)까지, 남쪽의 신하농(新河弄)부터 북쪽의 대유창(大有倉)까지 이어져 있으며 내부에는 남북으로 이어진 두 개의 '물길(水弄)'과 동서로 이어진 '차마길(馬弄)'이 하나 있다. 이 건물은 13개의 청당(廳堂)이 나란히 지어져 있어 '여부십삼청(呂府十三廳)'이라 불린다. 입구에서 계단을 올라가면 중앙 축선을 따라 남쪽에서 북쪽으로 차례로 교청(橋廳), 사청(四廳), 오청(五廳)이 있고, 좌우의 두 종축선(縱軸線)을 따라 각각 다섯 채의 건물이 있다. 여부는 천정과 청당이 넓고 크며 튼튼한 자재를 사용하여 명대 남방 관식 건축(官式建筑)의 특징을 보여주는 동시에 수향에 위치한 관계로 소흥 가옥의 참신하고 간결 명쾌하며 우아한 특징도 담고 있다.

청등서옥(青藤書屋)은 대표적인 원림식 가옥으로 면적은 1,300m^2 정도이며 주변이 조용하고 시류를 좇지 않는 우아함이 있어 학문적 분위기가 강하게 풍긴다. 이 서옥은 명대의 저명한 서화가이자 문학자인 서위(徐渭)[12]가 태어나고 공부하던 곳이며 명나라 말에서 청나라 초까지 대화가인 진홍수(陳洪綬)[13]가 이곳의 명성을 흠모하여 여기서 기거하기도 하였다. 서옥에는 석주, 기와담, 맞배 단층 건물, 꽃무늬의 나무 격자로 된 화창이 있고, 방이 두 개가 있는데 앞쪽의 방은 남향이며 안에는 서위의 초상과 그가 직접 쓴 '일진불도(一塵不到)'라는 글자와 진홍수가 쓴 '청등서옥(青藤書屋)'이라는 편액이 걸려 있다. 남쪽 창문 앞의 천정에는 서위가 "깊이를 알 수 없고 가뭄에도 마르지 않아 신기하다(深不可測，水旱不涸，若有神異)."고 말한 '천지(天池)'가 있다. 연못 서쪽의 하얀 벽에는 푸른 등나무가 얽혀 있는데 햇볕이 비추면 그림자가 어지러이 흔들리면서 밋밋한 큰 담에 순간적으로 생기를 불어넣어 준다. 이곳의 우물, 걸상, 문, 연못, 등나무는 간결하면서 함축적인 뜻을 담고 있어 대화가의 범상치 않은 예술적 품격과 조원기교(造園技巧)를 여과 없이 보여주고 있다.

노신 고택(魯迅故居), 삼미서옥(三味書屋), 백초원(百草園)과 노신 조거(魯迅祖居)는 중국의 일대 문호인 노신이 태어나고 자란 곳으로 노신이 소년 시절의 소흥 일반 민가의 면모를 사실적으로 보여준다. 노신은 수많은 작품에서, 특히 너무도 유명한 『백초원에서 삼미서옥까지(從百草園到三味書屋)』라는 글에서 이곳들에 관해 생동감 있게 묘사하였다. 삼미서옥은 청나라 말 소흥성의 유명한 서당으로 노신이 12세부터 17세까지 수학한 곳이다. 노신 고택과 삼미서옥은 모두 하얀 벽과 검은 기와, 검은 옻칠을 한 들보와 기둥으로 이루어져 있어 소박한 스타일과 담백한 색채를 보여주며 청나라 말에서 중화민국(中華民國) 초 소흥 전통 민가의 공간 형태를 압축적으로 보여준다. 백초원은 노신 고택의 뒤쪽에 있는데 원래 신대문(新臺門)의 주(周)씨 성을 가진 10여 가구 사람들이 공동으로 가꾸던 텃밭으로 노신이 어릴 적에 종종 와서 놀던 곳이다. 그는 자홍색의 오디와 시큼하고 단 복분자를 맛보며 낮은 토담 주변에서 귀뚜라미를 잡거나 하수오(何首烏)를 뽑기도 하였다. 이러한 유년의 놀이는 노신의 마음속에 지워지지 않는 아름다운 인상을 남겼고 사람들은 그의 글을 통해 동심으로 돌아가 옛 전통 마을에서의 생활을 맛볼 수 있다.

소흥 가옥은 고월 조상들이 수향의 환경에 대한 깊은 이해를 바탕으로 지은 것이며 시와 그림 같은 정취가 가득한 거주 공간으로 정겨운 삶의 풍경을 보여주며 오랜 세월을 이어온 품격 높은 문화이기도 하다.

– 욱풍(郁楓) | 박사 연구생

1| **소흥**(紹興): 절강성 항주시 인근의 작은 현으로 운하의 도시라고도 불린다.

2| **춘추 전국**(春秋戰國, B.C. 770~B.C. 221): 주(周)나라의 동천(東遷)에서 진(秦)의 천하 통일 때까지 춘추 시대와 전국 시대를 아울러 일컫는 말이다.

3| **구천**(勾踐, ?~B.C. 465) : 춘추 말기의 월나라 임금이다.

4| **건염**(建炎): 남송 고종 시기의 연호이다.

5| **고종**(高宗, 1107~1187): 이름은 조구(趙構). 1127년에 즉위하여 남송을 세웠다.

6| **노신**(魯迅, 1881~1936): 중국 작가로 본명은 주수인(周樹人)이다. 일본에서 유학하여 의학을 배우다가 문학으로 전환하였다. 민중애, 사회악과 인간악의 증오 및 투쟁 정신이 작품 전체에 흐르고 있다. 작품으로 『아큐 정전(阿Q正傳)』, 『광인 일기』 등이 있다.

7| **왕희지**(王羲之, 307~365): 동진(東晋)의 서예가. 중국 최고의 명필로 추앙받고 있다. 해서, 행서, 초서의 각 서체를 완성함으로써 예술로서의 서예의 지위를 확립하였다.

8| **추근**(秋瑾, 1875~1907): 청나라 말의 여류 문인이자 여성 혁명가. 남녀평등을 주장하여 남존여비의 봉건예교에 반대하였고 여성의 경제적 독립을 강조하고 여성 교육을 주장하였다.

9| **서석린**(徐錫麟, 1873~1907): 청나라 말기의 혁명당원. 광복회에서 군대를 조직하여 청조 타도 계획을 급선회시키려 하였다. 무장봉기하여 청조 고관을 암살시킬 계획을 세웠으나 결국 실패하여 처형당했다.

10| **채원배**(蔡元培, 1868~1940): 북경 대학 총장을 지낸 유명한 학자로 근대 중국의 저명한 교육가이자 사상가이다.

11| **가정**(嘉靖, 1507~1566): 명나라 제12대 황제(1521~1566 재위). 묘호는 세종(世宗). 자신을 반대하는 신하들을 삭탈관직하거나 고문하고 심지어 죽이기까지 하는 등 공포 정치로 매우 유명하다. 서북 지역에서는 몽골족이, 남쪽에서는 왜구의 침입이 잦았고 강남 지방에서는 반란이 자주 일어나는 등 사회적으로 매우 혼란했는데도 정사는 돌보지 않고 도교에 심취하여 불로장생약을 만드는 데만 빠져 난정(亂政)의 시대를 초래하였다.

12| **서위**(徐渭, 1521~1593): 명나라 말기의 독특한 화풍을 가진 화가로 먹으로만 그림을 그린 것으로 유명하다.

13| **진홍수**(陳洪綬, 1598~1652): 명나라 말에서 청나라 초의 인물화가, 시인. 최자와 함께 남진북최(南陳北崔)라는 말을 들을 정도로 도석미인화(道釋美人畵), 산수화, 화조화를 잘 그려, 당시의 인기작가로서 그를 따르는 많은 아류를 낳았다.

제6장 • 은밀하고 깊은 정원(庭園)

1 북경 사합원의 진면목

상 사합원 입구
하 사합원 마을

사합원(四合院)은 원나라 때 정식으로 북경에 도읍을 정하고(1264) 대규모로 도성을 건설하면서부터 궁전, 관청, 거리, 호동(胡同) 등과 함께 생겨난 가옥이다. 원나라 말에서 명나라 초의 웅몽상(熊夢祥)이 지은 『석진지(析津志)』에는 "대가의 제도에서 남에서 북으로 이어지는 것을 경(經)이라 하고 동에서 서로 이어지는 것을 위(緯)라 한다. 대가의 폭은 24보(약 36m)이며 384개의 화항과 29개의 가통이 있다(大街制, 自南以至于北謂之經, 自東至西謂之緯大街二十四步闊, 三百八十四火巷, 二十九街通)."라는 기록이 있는데 여기서 말하는 '가통(街通)'은 지금의 호동으로 골목과 골목 사이에는 관원과 백성들의 주택을 짓게 하였다. 당시 원 세조(世祖) 쿠빌라이는 "옛 성의 주민들 중 재력가나 조정 관료를 먼저 북경으로 이주시키고 각각 8무(약 53m²)의 땅을 나누어주라(詔舊城居民之遷京者, 以貲高(有錢人)及居職(在朝廷供職)者爲先, 乃定制以地八畝爲一分)."라고 명하여 북경으로 이주하는 관료와 상인에게 주택을 짓도록 땅을 나누어 주었는데 이때부터 북경의 전통 사합원 주택이 대규모로 지어지기 시작하였다.

예전의 북경에는 자금성, 황가 원림, 사원과 종묘, 황족의 저택과 관청을 제외하고는 대다수의 건축이 바로 일반 서민들이 사는 민가였다. 『일하구문고(日下舊聞考)』에는 "구름이 걷히면 3,000장이나 뻗어 있는 마을이 드러나며 안

개가 끼면 백만 가구의 집이 어둠 속에 잠긴다(雲開閭閻三千丈, 霧暗樓臺百萬家).”라는 원나라 사람의 시가 실려 있는데 여기서 말하는 ‘백만가(百萬家)’의 주택이 바로 지금의 북경 사합원이다. 명청 시대 이후 북경 사합원은 세월의 풍파와 함께 기본적인 형식은 그대로 유지하면서 계속적인 보완을 거쳐 현재 남아있는 독특한 가옥 형식을 갖게 되었다.

사합원의 형태는 고풍스럽고 우아하며 건물의 배치에 심혈을 기울여 조용한 환경을 자랑한다. 높은 계단, 돌로 된 문둔테*, 홍문루(紅門樓), 푸른 벽돌(青塼)과 회색 기와(灰瓦)로 된 박공(牔栱)**, 용마루 위의 높이 솟은 말총 장식, 처마 밑에 그려진 산수화, 정교하고 아담한 화원 등이 북경 사합원의 예스러운 정취를 한껏 뽐낸다.

* 문 상방과 문지방에 덧댄 부재로 문의 촉을 끼워서 문을 여닫게 하는 기능을 한다.

** **牔栱**: 건물 측면의 담벼락과 지붕을 이어주는 부분의 부재로서 대개 장식 문양을 한 푸른 벽돌로 되어 있다.

*** **東西跨院**: 곁 뜰을 일컫는다.

은밀한 정원

북경 사합원과 바둑판식으로 된 거리는 깊은 내재적 관계를 맺고 있다. 표준적인 사합원은 일반적으로 동서로 뻗은 호동을 따라 남향으로 지어져 있고, 중앙의 축선을 중심으로 좌우가 평형을 이루며 대칭된다. 또한 폐쇄적이고 내향적이며 완전한 ‘구(口)’자형을 이룬다. 사합원은 규모가 제각각으로 큰 것과 작은 것의 규모는 많은 차이를 보인다. 하지만 기본 구성 단위는 전부 동일하다.

사면에 위치한 방이 하나의 정원을 둘러싸고 있는 것이 사합원의 기본 구성 단위이며 이를 일진 사합원(一進四合院)이라 부른다. 2개의 정원이 있으면 이진 사합원, 3개의 정원이 있으면 삼진 사합원의 식으로 부른다. 북경의 대형 사합원(황족의 저택 등) 중에는 많게는 칠진, 구진의 정원도 있으며 중앙의 주 정원 외에 양측에 동서과원(東西跨院)***이 있어 가히 ‘심택대원(深宅大院)’이라 할 수 있다.

북경 사합원의 방 배치는 비교적 일률적이어서 대개 정방(正房), 이

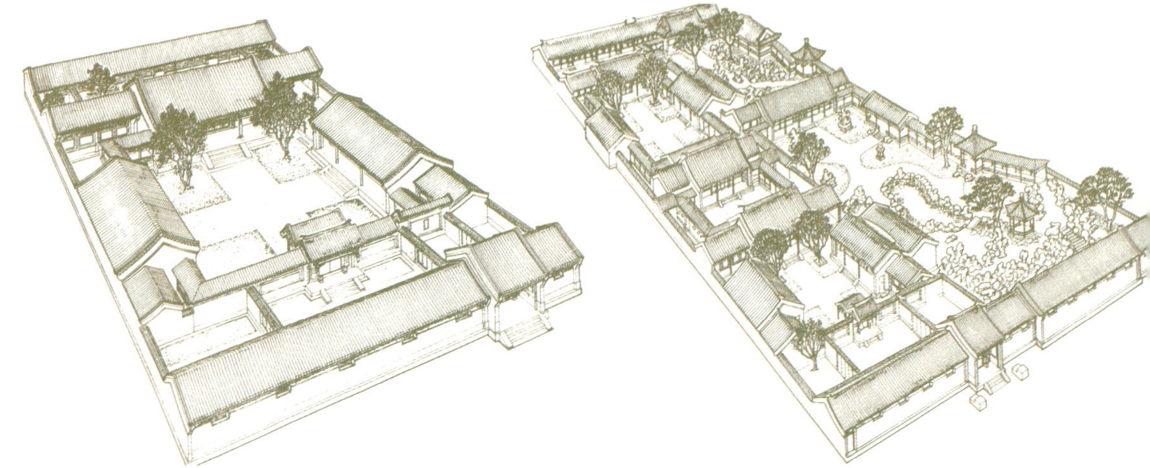

좌 중형 사합원 조감도

우 화원이 있는 대형 사합원 조감도

방(耳房), 상방(廂房), 후조방(後罩房)과 도좌방(倒座房)으로 이루어져 있다. 사면의 방 중에서 남향을 최고로 치기 때문에 북쪽의 방을 정방으로 하고 동서 양측의 상방이 그 다음이다. 사합원에서 가장 중요한 방은 정방이다. 조상의 신위나 당옥(堂屋)*이 정방의 가운데에 있기 때문에 내부 건물 중 지위가 가장 높고 넓이, 길이와 높이 등이 다른 방보다 크다. 정방은 일반적으로 세 칸으로 되어 있는데 가운데 방은 조상을 모시고 동쪽은 조부모가 서쪽에는 부모가 거주한다. 그리고 전통적으로 정방의 왼쪽(동쪽)의 방이 오른쪽(서쪽)보다 좀 더 큰데, 이는 '왼쪽이 더 귀하다'는 전통 관습의 영향을 받았기 때문이다. 사합원에서 중심 축선에 위치한 방 다음으로 좋은 곳이 동쪽의 방이기 때문에 흔히들 주인을 '동가(東家)', '방동(房東)'이라 부른다.

정방 앞쪽에서 정원을 가운데 두고 서로 마주보고 있는 건물이 상방이다. 상방은 대개 세 칸으로 되어 있고 손아랫사람이 거주한다. 정방의 양측에는 대개 이방이 있다. 이방은 정방과 마찬가지로 남향이며 단지 크기가 약간 작을 뿐 뒷벽은 정방과 공유하며 앞 벽이 정방보다 약간 뒤쪽으로 밀려있다. 방이 좁고 지붕도 낮은데 정방을 사람의 얼굴에 비유한다면 이방은 사람의 귀에 해당한다. 정방 양측의 이방은 각각 한 칸씩이며 어떤 것은 두 칸으로 되어 있다. 이방이 한 칸

* 堂屋: 접객, 집회, 의례를 위한 공적 공간

씩 있는 것을 '명삼암오(明三暗五)'라 부르는데 겉보기엔 정방이 세 칸으로 보이지만 사실상 다섯 칸이라는 의미이며 두 칸씩 있는 것은 '명삼암칠(明三暗七)'이라 부른다. 이방의 정면으로 마주 있는 것이 동상방(東廂房)과 서상방(西廂房)의 북쪽 산장인데 이 작은 공간의 동서 양측은 각각 담벼락과 유랑(游廊)*으로 격리되어 있어 이방 앞에 작은 정원이 생겨난다. 이 작은 정원에는 벽돌이 깔려있지 않아 '노지(露地)'라 부르며 방 주인이 좋아하는 꽃과 나무가 심어져 있다. 어떤 문인들은 이방을 서재로 사용하였는데 햇볕이 잘 들고 창 앞의 작은 뜰은 훌륭한 개인적 공간이 되어 적당한 그림자와 조용한 분위기로 최고의 독서 환경을 제공한다. 이방의 실내에는 보통 정방의 옆 칸과 통하는 문이 나 있다. 정방과 이방은 원래 각각 독립된 산장을 가지고 있었으나 중화민국 이후에 지어진 사합원은 구조가 간결하게 변하여 산장이 하나로 합쳐졌다.

사합원의 정방과 상방은 대개 초수유랑(抄手游廊)으로 연결되어 있다. 이는 건물을 서로 이어주는 탁 트인 회랑으로 사람이 다니거나 앉아 쉬면서 정원의 경치를 감상할 수 있는 곳이다.

정방 뒤쪽에 길게 있는 방은 후조방이라 하는데 방이 많으며 정방

* **游廊**: 내부 건물을 한데 이어주는 회랑

좌 수화문에서 본 정방, 동서상방과 정원

우 이방, 작은 정원과 유랑

이 아니기 때문에 형식의 제약을 받지 않는다. 후조방은 정원의 제일 뒤쪽에 있기 때문에 가장 은밀한 공간으로 일반적으로 딸이나 여자 하인이 기거한다. 딸이 후조방에 살면 출입할 때 부모가 거주하는 정방을 지나야 하기 때문에 자연스럽게 부모의 감시하에 있을 수 있기 때문이다. 후조방은 상방보다 아래 등급으로 크기도 상방보다 작다. 사합원의 후면이 거리와 맞닿아 있는 경우 서북쪽의 방을 후문으로 개조하여 사용할 수도 있다. 후조방 뒷면의 거리와 맞닿아 있는 담벼락에는 대개 창을 내지 않거나 높게 달린 작은 창을 내어 지나가는 행인들이 방 안을 볼 수 없게 하였다.

후조방이 사합원의 북쪽 끝에 있다면 이에 상응하는 것이 남쪽 끝에 있는 문 옆의 북향으로 된 방들로서 도좌(倒座)라 부른다. 도좌방의 사용은 다음과 같이 구분된다. 가장 동쪽의 방은 학당으로 사숙원(私塾院)이 있다. 동쪽에서 두 번째 칸은 대문이며, 세 번째 방은 문방(門房)으로 남자 하인들이 기거한다. 수화문(垂花門) 바로 맞은편, 즉 벽을 사이에 두고 정방을 바로 바라보는 세 개의 방은 손님들이 묶는 곳으로 때로는 응접실로도 쓰인다. 도좌방의 서쪽 끝 방은 화장실이며 남북향으로 놓인 담이 화장실과 정원을 분리한다. 여기에 작은 문이 나 있으며 가끔 동그란 달 모양의 문도 있다. 예로부터 사람들은 맨 서남쪽을 '오귀지지(五鬼之地)'라고 여겨 이곳에 화장실을 만들었는데 여기에 있는 더러운 오물이 '좌청룡 우백호(左青龍右白虎)*'의 백호가 집안으로 들어와 어지럽히는 것을 막는다고 믿었다. 정원이 두 개 이상 있는 사합원은 보통 내택(內宅)과 외택(外宅)으로 구분되며 수화문이나 병문(屏門) 두 개의 문을 통해 연결된다.

* **左青龍右白虎**: 중국 고대 신화에 나오는 사방의 신으로 왼쪽에 청룡(青龍), 오른쪽에 백호(白虎)

대문을 살짝 두드려 보면

예전에 북경의 골목을 걷다보면 굳게 닫힌 대문을 도처에서 쉽게 볼 수 있었는데 이러한 조용한 분위기와 느낌이 바로 전형적인 북경의 정취이다.

문은 가옥의 얼굴이며 집주인의 사회적 지위의 상징으로 중국인들은 대대로 이를 중요하게 여겼다. 흔히 말하는 '문제(門第)*'나 '문당호대(門當戶對)**'는 '문'의 원래 뜻에서 유래한 말이다. 또한 '서향문제(書香門第)***', '시문초호(柴門草戶)****'라는 말로 그 사람의 가정환경을 표현하는데 이때의 '문'도 같은 의미로 쓰인 것이다. 문의 형식, 크기, 지붕 형태, 도료 색깔, 장식품 등은 등급별로 엄격하게 구분되어 있어 집주인의 신분과 지위를 드러낸다.

* 門第: 가문, 집안이라는 뜻

** 門當戶對: 가문과 사회적 지위가 서로 맞는다는 뜻

*** 書香門第: 학자 집안

**** 柴門草戶: 가난한 집

사합원의 대문은 규모에 따라 왕부대문(王府大門), 광량대문(廣亮大門), 금주대문(金柱大門)과 여의문(如意門) 등으로 나뉘며 등급의 구분이 있다. 왕부대문(王府大門), 광량대문(廣亮大門), 금주대문(金柱大門)은 대개 왕공 귀족과 관료 계층의 것이며, 여의문은 상인이나 재력가들이 많이 쓴다. 사합원 대문의 가장 큰 특징은 그 모습이 작은 집처럼 생겼다는 것인데 이 때문에 '옥우식(屋宇式)' 대문이라 부른다.

상 금주대문(金柱大門)

하 여의문(如意門)

광량대문은 왕부대문을 제외시키면 등급이 가장 높은 대문이다. 이 대문은 청대에는 일정한 벼슬을 가진 사람의 저택에서만 사용할 수 있었다. 일반적으로 북경 사합원의 대문은 도좌의 중간에 있는 방 하나를 터서 문으로 만드는데 광량대문이 이러한 형식이다. 이 방의 길이는 옆방보다 약간 길며 지붕도 다른 방들보다 조금 높다. 대문 양옆의 벽도 바깥쪽으로 좀 더 튀어나와 있어 장식 효과를 낸다. 문의 기단이 높게 올라와 있어 대문의 바닥은 문밖의 도로보다 높은데 이 때문에 사합원에서 나올 때는 높은 곳에서 굽어보는 듯하며 들어갈 때는 한 걸음씩 높이 오르는 듯한 느낌을 받게 된다. 대문 밖 양측 산장

좌 포고석

우 사합원 문침석의 작은 사자

앞부분의 위쪽, 지붕 바로 밑 부분에 오목하게 들어간 부분을 지두(墀頭)라 부르는데 여기에는 벽돌로 된 조각이 장식되어 있다. 조각 장식의 내용은 복을 기원하거나 벽사의 의미를 담은 것으로 나뉜다.

광량대문의 특징은 문이 대들보 밑의 산주(山柱)* 사이에 위치하기 때문에 대문 입구를 중심으로 문밖과 문 안이 정확히 이등분이 된다는 것이다. 문판의 축은 하단부는 문침석(門枕石)**의 홈에 고정되어 있고 상단은 문잠(門簪)***과 연영(联楹)으로 문틀에 고정되어 있다. 문잠은 네 개가 있으며 모양이 다양하고 앞쪽은 나무 조각으로 장식한다. 문 바깥쪽에는 양측에 한 쌍의 포고석(抱鼓石)****을 놓아두는데 이는 고대의 의장(儀仗) 형식에서 발전한 장식물로 대개 북처럼 생겼다. 문잠, 포고석이 위아래로 어우러져 평범한 대문에 멋스러운 운치를 불어넣어 준다.

대다수의 광량대문은 천장을 설치하지 않아 구조물을 그대로 드러내놓고 있다. 어떤 곳에는 천장을 반만 설치하기도 하였는데 이 경우 대개 대문 안쪽에만 천장을 설치한다. 북경 사합원 대문의 지붕은 대개 경산식(硬山式)[1]으로 원통 기와나 앙합와(仰合瓦)[2]를 얹는다. 대문 앞에는 계단을 만들고 그 양쪽에는 계단을 따라 경사지게 흘러내리

* **山柱**: 방에서 가장 중앙에 있는 기둥

** **門枕石**: 문기둥 앞에 있는 베개처럼 생긴 주춧돌로서 목판으로 된 문을 고정시켜 강풍 등으로 인해 문짝이 흔들리지 않도록 한 것

*** **門簪**: 북경 사합원, 삼합원이나 심지어 맨 벽에 문만 달린 작은 집의 출입문 위쪽에도 붙어있는 장식의 일종

**** **抱鼓石**: 문고(門鼓)라 하며 위쪽을 북 모양으로 만든 문침석의 일종

는 석판을 대놓았다.

금주대문은 광양대문보다 더 정교하다. 건물의 가장 바깥쪽에 위치한 기둥을 처마 기둥이라 하고 건물의 정 가운데에서 지붕의 용마루를 받치는 기둥을 중주(中柱)라 하는데 처마 기둥과 중주 사이에 있는 것이 바로 금주이다. 금주대문은 바로 문을 금주에 설치한 것을 말한다. 중주의 안쪽과 바깥쪽에는 모두 금주가 세워져 있는데 북경 사합원의 금주대문은 중주와 바깥 처마 기둥 사이의 외금주(外金柱)에 설치되어 문 바깥쪽의 공간보다 안쪽의 공간이 길게 된다. 금주대문의 다른 부분은 광양대문과 비슷하지만 대부분 천정을 설치하여 놓았고 특히 문짝 바깥쪽의 천정, 처마 도리, 현판 사이를 가리는 목판의 포복(包袱)*에는 소주 양식의 그림이 그려져 있다.

영벽은 북경 사합원의 대문과 서로 쌍을 이루는 전체 건축(塼砌建築)[3]으로 장식적, 상징적 의미가 매우 강하다. 주로 대문 내외의 어수선한 사물들과 단조로운 벽면을 가리고 대문의 출입구를 꾸며주는 기능을 한다. 집을 드나들 때 먼저 마주치는 것이 정교한 조각으로 장식된 벽과 그 위에 새겨진 길사송어(吉辭頌語)**이다.

영벽과 대문은 함께 어울려 서로를 돋보이게 하며 반드시 한 쌍을

* **包袱**: 목판의 중심부를 포복이라 하는데 대개 금색으로 역사 인물 고사나 산수풍경, 고귀한 기물 등이 그려져 있다.

** **吉辭頌語**: 행운이나 복을 부르고 기원하는 말

좌 영벽

우 정교하고 아름다운 수화문

* **前院**: 수화문과 도좌방 사이의 작은 마당

** **内院**: 사합원 정방 앞의 중정(中庭)

*** **大門不出, 二門不邁**: 대문과 이문을 모두 나가지 않는다. 즉 두문불출의 의미이다.

이룬다. 영벽은 단지 하나의 담벼락일 뿐이지만 정교하고 세밀한 설계와 장식으로 사합원 입구를 돋보이게 하는 화룡점정(畵龍點睛)의 역할을 한다.

수화문의 멋

수화문은 매우 세심하게 공을 들여 만든 사합원 안쪽에 있는 문으로, 단정하고 장중하면서도 화려하게 꾸며져 있으며 사합원의 외원(外院)과 내택(内宅)을 구분한다. 수화문은 사합원의 중심 축선 상에 있으며 외원의 북측 중앙에 위치한다. 세 계단이나 다섯 계단으로 된 청석 계단 위에 세워져 있으며 전원(前院)*과 내원(内院)**을 구분해 준다. 전원은 주인이 손님을 응접하는 곳이며 내원은 가족끼리 생활하는 공간으로 일반적으로 외부 사람은 이곳으로 함부로 드나들지 못하는데 심지어 집의 남자 하인도 예외는 아니다. 옛사람들이 종종 말하던 '대문불출, 이문불매(大門不出, 二門不邁)***'에서의 '이문(二門)'은 수화문을 가리킨다.

수련주

수화문은 두 가지 역할을 한다. 첫 번째는 방어 역할로 바깥쪽 양 기둥 사이에 설치하며 꽤 육중하여 대문과 비슷하며 '기반문(棋盤門)' 혹은 '찬변문(攢邊門)'이라 부르는데 낮에는 집안사람들이 드나들 수 있도록 열어놓고 밤에는 닫아놓아 안전하게 보호하는 역할을 한다. 두 번째는 칸막이 역할인데 이것이 수화문의 주요 기능이다. 내택의 사생활을 보호하기 위해 수화문 안측의 기둥에 또 하나의 문을 달았는데 이를 '병문(屛門)'이라 한다. 이 문은 혼사나 장례 같은 가족의 중요 행사가 열릴 때를 제외하

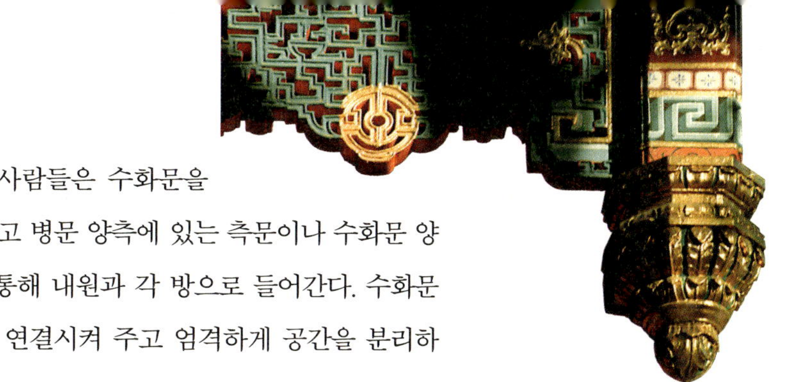

수련주

고 평상시에는 닫혀 있다. 사람들은 수화문을 드나들 때 병문을 통하지 않고 병문 양측에 있는 측문이나 수화문 양쪽으로 나있는 초수유랑을 통해 내원과 각 방으로 들어간다. 수화문의 이러한 기능은 내외택을 연결시켜 주고 엄격하게 공간을 분리하는 특수한 역할을 한다.

형태상으로 볼 때 이를 수화문이라 부르는 이유는 문 위쪽의 처마 기둥이 땅에 닿지 않고 공중에 매달려 있기 때문이며 기둥 끝은 꽃봉오리나 연꽃무늬로 화려하게 조각되어 있다. 수화문의 전체 구조물은 땅에 닿지 않고 위에 얹혀져 있는데 이것도 수화문의 특색 중 하나이다.

또한 수화문은 장식을 매우 중요시한 건축물로 돌출된 부분마다 매우 세심하게 장식을 해놓았다. 수화문의 바깥쪽 들보에는 대개 구름 모양의 조각을 해놓았는데 이를 '마엽량두(麻葉梁頭)'라고 한다. 이러한 장식을 해놓은 들보는 다른 건축물에서는 보기 힘들다. 마엽량두 아래에는 거꾸로 달려있는 한 쌍의 짧은 기둥이 있고 그 끝부분에는 연꽃잎, 구슬, 꽃받침, 석류 등의 모양이 조각되어 있는데 마치 피어나려는 꽃봉오리와 같아 이 기둥을 '수련주(垂蓮柱)'라 부른다. 수화문이라는 명칭의 유래는 이 독특한 기둥과 관련이 있는 듯 하다. 이 두 개의 수주(垂柱)를 연결하는 부분에도 매우 아름다운 조각 장식이 있으며 대개 '자손만대(子孫萬代)', '세한삼우(歲寒三友)', '옥당부귀(玉棠富貴)', '복록수희(福祿壽喜)' 등의 내용으로 되어 있다. 이러한 조각 장식들은 사람들에게 아름다운 삶에 대한 동경을 품게 하며 제법 지위가 있는 내택의 문을 화려하고 품위 있게 꾸며준다.

수화문은 전체 주택의 중심 축선상에서 내외를 구분하는 역할을 하면서 화려하게 장식되어 있어 사합원에서 가장 눈에 띄는 부분이다. 또한 이는 주인의 재력과 가세의 번창, 문화 소양의 수준 그리고 심지어는 집주인의 기호나 성격까지도 보여준다.

깊숙한 정원, 또 하나의 세상

또 다른 세계

북경 사합원은 방, 회랑, 담 등으로 둘러싸인 생활공간에 하나의 소우주를 압축하여 놓아 문을 닫으면 이곳만의 세계가 펼쳐지게 된다.

북경은 무상기(無霜期)*가 200일에 달하여 1년 중 옥외 활동에 적합한 시간이 많고 일조 시간도 길어 정원식 가옥이 가장 적합하며 정원의 사용률도 매우 높다. 겨울은 비교적 한랭하고 일조각(日照角)이 경사진 북경의 지리적 환경 때문에 정원을 더 넓게 만들고 각 건물이 최대한 서로를 가리지 않게 하여 햇볕이 잘 들도록 하였다. 햇볕이 실내로 들어오면 실내도 따뜻해지지만 사람의 마음도 밝아지고 온화해진다. 북경 사합원은 폐쇄적 구조를 가지고 있어 문과 창이 모두 정원을 향해 나있는데 이는 북경의 황사 바람을 막는 데 효과적이다. 정원은 가정생활의 중심이 되기 때문에 특히 공을 들여 가꾼다.

북경 사합원은 조경을 매우 중요시하여 정원에 나무와 꽃을 멋스럽고 운치 있게 심어놓는다. 정원 사방의 맨 구석진 부분에는 네모나게 맨땅을 그대로 드러내 놓고 벽돌을 깔지 않았는데 이는 나무를 심기 위한 것이다. 옛 북경에서 흔히 심었던 꽃으로는 정향(丁香), 해당(海棠), 풀또기, 소귀나무 꽃 등이 있고 나무는 대개 대추나무, 회화나

* **無霜期**: 늦봄의 마지막 늦서리가 온 때부터 초가을의 첫서리가 내릴 때까지의 서리가 내리지 않는 기간

수목이 우거진 명인(名人) 고택

무, 해당나무를 심었다. 그중에서도 형제간의 화목함을 상징하는 해당나무를 가장 중요시하였다. 근대에 들어 심는 나무의 종류가 늘어나면서 꽃나무나 과실나무도 인기를 끌었다.

북경 사합원 정원에서 가장 특색 있는 것이 화목 분재(盆栽花木)이다. 청대에 흔히들 말하던 '천장, 어항, 석류나무, 집주인, 살찐 개, 통통한 하녀'라는 표현은 사합원 정원을 생동감 있게 묘사한 것이다. 어항에는 금붕어뿐 아니라 연꽃도 있다. 화목 분재에서 흔히 보이는 것은 석류나무, 협죽도(夾竹桃), 금계수나무, 은계수나무, 두견(杜鵑), 치자나무 등이다. 석류나무는 큰 화분에 심었는데 화분으로는 녹유(綠油)를 바른 큰 나무통을 사용하였다.

계단 앞 화단 속의 분꽃, 봉선화, 나팔꽃, 편두화*는 사합원에서 언제나 볼 수 있는 꽃들이다.

사합원은 옛 중국인들의 이상적인 거주 공간이었다. 방과 정원, 대문과 이문, 회랑과 사숙, 응접실과 조벽, 곳간과 주방이 있으며 부잣집에는 원림과 마구간 등도 모두 갖추어져 있다. 이곳은 폐쇄적인 주택으로 대문을 통해서만 밖으로 출입할 수 있어 문만 닫으면 독자적인 세계가 펼쳐져 사생활이 잘 보호되기 때문에 가족들이 생활하기

* 검정콩의 꽃

훈훈한 실내 환경. 벽사주(碧紗櫥)와 낙지조(落地罩)

에 아주 좋다. 정원을 둘러싼 사면의 방은 모두 정원 쪽으로 문이 열리게 되어 있어 가족끼리 화목하고 즐겁게 생활할 수 있다. 사합원은 담과 각 방의 뒷벽으로 둘러싸여 있으며 바깥쪽으로 거의 창이 나있지 않아 거리의 소란스러움이 집 내부로 들어오지 않기 때문에 안전하기도 하다. 사합원은 중국인의 윤리 관념뿐 아니라 가정 구조와도 밀접하게 연관되어 있으며 '중용을 지키면서도 융통성을 갖는다(中正平和, 變通有則)'는 중국인의 처세 이념도 보여주고 있다.

북경 사합원 안에서 주위를 둘러보면 널찍한 정원을 회랑이 둘러싸고 있으며 건물의 구재(構材)는 적절히 노출되어 있다. 사합원의 정수는 '합(合)'자에 있다. 사합원은 정신적 물질적인 수많은 요소들을 한데 뭉치게 하며 대가족의 모든 구성원들을 서로 어우러지게 한다. '그 깊이를 알 수 없는 은밀한 정원(庭院深深深幾許)'이라는 중국적 정취가 물씬 풍기는 시구는 이러한 옛 정원식 주택에서만 느낄 수 있는 것이다.

– 조지풍(趙之楓) | 강사, 박사

1| **경산식**(硬山式): 중국 전통의 건축 지붕 형식 중 하나로 특징은 지붕의 양 끝이 산장 밖으로 삐져나오지 않은 것. 맞배지붕과 같은 형식이나 약간 차이가 있다.

2| **앙합와**(仰合瓦): 반원통형의 수키와와 암키와를 엇갈리게 쌓은 형식을 이른다.

3| **전체 건축**(塼砌建築): 벽돌을 쌓아 만드는 건축을 이른다.

제7장 • 자연의 리듬, 영혼의 귀의(歸依)

— 운남 토장방(土掌房)에 대한 단상

합니족의 버섯 집

운남(雲南) 지역에는 대리(大理), 여강(麗江), 서쌍판납(西雙版納) 등 한 번 가면 돌아오기 싫을 정도로 아름다운 곳이 많다. 운남 중남부에 위치한 애뢰산(哀牢山)이나 홍하(紅河)* 지역에 가보면 높은 산, 계곡, 계단식 논, 사람들이 한데 어우러진 그림같이 아름다운 풍경이 눈앞에 펼쳐진다. 이곳은 산 좋고 물 좋고 인심 좋은 아름다운 곳이지만 그 속에 깃들여 있는 사람들의 굳세고 강한 의지를 보면 더욱 감동받지 않을 수 없게 된다.

이러한 감동은 사람들의 생명력, 그리고 소수 민족 조상들의 생존 본능과 자연이 한 몸처럼 일체로 어우러진 데서 느껴진다. 이곳에서는 세계의 절경으로 꼽히는 운해(雲海)처럼 한없이 펼쳐진 계단식 논을 볼 수 있다. 옛길을 걷다 보면 고산 협곡 사이사이에 들어서 있는 '토장방 촌락'을 마주치게 되는데 이는 마치 산의 흙에서 태어나 자란 것 같은 독특한 매력을 내뿜는다.

---

* **紅河**: 원강(元江)

산세에 의지하여 지어진 토장방 마을. 『민서객가(閩西客家)』(삼련서점, 2002)에서 인용

대지에 엎드린 집들

애뢰산에는 기복이 심한 산들이 끝없이 이어져 있으며 홍하 양안의 풍경은 기이하고도 웅장하다. 이곳은 기후가 온화하고 강우량이 많으며 산들이 들쭉날쭉 솟아있고 삼림이 무성하다. 긴 세월 동안 이족(彝族), 합니족(哈尼族), 태족(傣族), 묘족(苗族), 요족(瑤族), 장족(壯族), 한족(漢族) 등 여러 민족이 대대로 이 숭산준령(嵩山峻嶺) 속에서 살아왔는데 '토장방'은 바로 그들이 이러한 드넓은 자연환경 위에 지은 거주 공간이자 안식처이다.

운남 여러 지역의 정교한 가옥(운남 서쪽 대리(大理)의 백족(白族) 가옥 등)과 비교해볼 때 토장방은 분명 소박하고 경제적이다. 같은 지역인 건수(建水)의 정원식 가옥과 비교해 보아도 토장방은 정교함에서 한참 뒤떨어져 있다. 그러나 토장방은 농경 생활을 하기에 편리하고 주변 환경과의 조화로움에서 이족, 합니족 사람들의 진지하고, 진솔한 삶의 태도를 느낄 수 있으며 더 나아가 스스로의 삶을 창조하고 통제하

좌 홍하 유역 애뢰산맥의 마을

우 나무가 울창한 산에서 토장방은 주위 환경과 자연스럽게 융합되어 있다.

는 지혜를 엿볼 수 있다.

이 가옥은 흙과 나무로 만들어진 평지붕 가옥으로, 지붕을 흙으로 만들어서 토장방이라 부른다. 전형적인 토장방은 정방과 상방이 한데 모여 직사각형 평면을 이루고 있으며, 정방은 3칸에 대개 2층으로 되어 있고 상방은 일반적으로 단층이다. 주로 목가구 구조로 되어 있고 벽은 흙바닥에 벽돌을 쌓거나 점토로 만들었다. 흙으로 만든 평지붕은 먼저 실내에 나무 기둥을 세우고 지붕에 몇 개의 나무 들보를 평평하게 설치한 후 그 위에 장작으로 바닥을 만들어 솔잎을 깐다. 그 위에 다시 풀과 진흙을 섞은 점토를 깐 다음 망치로 점토를 납작하게 다듬질하여 만든다. 평평한 지붕은 깔끔하고 튼튼하며 방수도 매우 잘된다. 토장방의 건축 재료인 진흙과 목재는 모두 현지에서 구한다. 집의 구조나 만드는 방법이 간단하여 건축 비용도 저렴하고 건축 기술이라 할 만한 것이 없어 배우기도 매우 쉽고 보수하기도 용이하다. 애뢰산 지역의 소수 민족 민가에서는 이러한 토장방이 약 80~90%를 차지한다.

토장방에 쓰인 진흙과 나무는 현지 사람들이 가장 편하게 사용할 수 있고 언제든지 새 것으로 교체할 수 있으며 자연으로 되돌아갈 수 있는 재료이다. 또한 내구성이 좋은 천연의 차폐물이면서 편리하게 가공하고 사용할 수 있다. 맨 흙과 목재는 대자연이 준 선물로서 사람들이 이러한 선물을 이용해 살 집을 만든다는 것은 자연의 이치이기도 하다. 중국의 서북(西北)과 서장(西藏), 중동 지역과 고대 바빌론 지역, 북아프리카 지역에는 진흙을 이용해 만든 집과 마을을 매우 많이 볼 수 있다. 건축가들은 이렇게 진흙을 이용해 지은 건축을 '생토 건축(生土建築)'이라 부르는데 토장방이 바로 전형적인 생토 건축이다.

토장방의 내부 구조는 나무 기둥과 들보로 되어 있고 그 구조 형식은 생활에 필요한 공간을 확보하도록 맞추어져 있다. 토장방은 대개 2층 건물로 되어 있는데 아래층에는 침실, 정방, 주방이 있고 위층은 창고와 잡동사니를 두는 곳이다. 흙집이든 초가집이든 3칸의 방 중에 가운데 방이 정방이 되어 이곳에서 손님을 접대하거나 밥을 먹고 제사를 지낸다. 좌우의 방은 침실과 주방이며 따로 축사를 두어 소, 말, 돼지, 닭 등을 키운다. 이족과 합니족 사람들은 집의 목가구 구조를 단순히 집을 받쳐주는 기능만을 하는 것으로 보지 않고 집안을 평안하게 하고 보호해 준다고 믿는다. 이 때문에 이족 사람들은 집을 지을 때 길일을 택하여 집의 골조를 만드는데 밤에 기둥과 들보를 설치하고 날이 밝기 전에 집의 골조를 세우며 다음날 오후에 천정의 들보를 올린다. 천정 들보를 올릴 때는 빨간색의 큰 천을 들보 중간에 묶

좌 토장방 마을 입구

우 토장방의 정방과 이방

상좌 흥미로운 공중 통로 체계

상우 토장방 지붕에서는 여러 가지 가사 일을 한다.

하 토장방의 지붕들은 서로 연결되어 있다.

고 폭죽을 터트리면서 올린다.

토장방 촌락은 대부분 숭산 준령의 산중턱 여기저기에 들어서 있는데 넓은 평지가 없는 산비탈이 많기 때문에 마을 주위에 계단식 논이 층층이 만들어져 있다. 이러한 촌락은 땅 면적이 좁아 토장방의 평지붕은 '또 하나의 가정생활과 노동의 장소'가 된다. 이 지붕 위에서는 농작물을 말리거나 여러 가지 집안일을 할 수 있다. 쌀, 옥수수, 메밀, 콩, 야채, 과일 등 여러 농작물이 널려 있을 뿐 아니라 사람들도 이곳에서 바쁘게 일하며 가족끼리 쉬기도 하는 등 정겨운 일상생활의 풍경을 볼 수 있다. 특히 재미있는 것은 마을 각 집의 지붕이 서로 나무 사닥다리로 연결되어 있어 '공중 교통 체계'가 형성되어 있는데 이 때문에 집으로 찾아오는 손님이 종종 위에서 휙 내려오고는 한다.

이런 것들을 보면 그들이 토장방을 짓는 과정에서 발휘한 상상력과 창조력에 탄복하지 않을 수 없게 된다.

재료, 구조와 건축 방식을 적절하게 선택한 토장방의 두꺼운 벽과 지붕은 축열성이 좋아 건조하고 무더운 하곡 지대(河谷地帶)의 기후 조건에 매우 적합하다. 뜨거운 태양에도 덥지 않고 겨울의 차가운 바람이나 빗물이 새어 들어오지 않아 겨울에 따뜻하고 여름에 시원하여 이곳 사람이 살기에 아주 적합하다. 마을 사람들은 우스갯소리로 토장방에서 사는 것은 마치 보온병 안에 있는 것 같다고 말하곤 한다.

토장방의 흙벽과 흙 지붕은 두껍고 튼튼하며 벽면에는 창을 거의 내지 않거나 작은 창만 낸다. 멀리서 바라보면 누렇고 붉은 집들이 삐죽삐죽 들어서있는 모습이 소박하면서도 무게감이 느껴지며 함축적인 운치와 아름다움을 보여준다.

영혼의 안식처

토장방 촌락 사람들에게 있어 이곳은 삶의 터전이며 정신적인 안식처이다. 학자들은 운남홍하(雲南紅河) 하곡(河谷) 지역에 있는 '토장방'이나 이와 같은 종류인 '버섯집(蘑菇房)'을 남쪽으로 내려온 고강족(古羌族)의 후예인 이족과 합니족이 고대 혈거를 개조하여 만든 형태라고 보고 있다. 이러한 계승 관계에 대해서는 좀 더 깊은 연구가 필요하겠지만 토장방의 형태나 내재적 본질은 고강족 조상들이 만든 혈거와 일맥상통한다. 이족과 합니족의 수많은 신화 중에는 그들 민족의 기원을 거슬러 올라가 보고 민족 이동을 유추해볼 수 있는 관련 내용이 있다. 예를 들어 합니족 구전 문화의 중요한 작품인 『합니총파파(哈尼聽坡坡)』*에는 "6,000명의 합니 사람이 고향을 떠나 남방의 산량(山梁)으로 향하였다."는 기록이 있다. 지금의 이족과 합니족 사람들에게까지 전승되어 온 애니미즘, 조상 숭배와 영웅 숭배는 상고 시

* **『哈尼聽坡坡』**: 총파파(聽坡坡)는 합니어로 '한 지역에서 다른 지역으로 이동한다'는 뜻으로 제목 자체는 '합니 조상의 이동'이라는 의미이다.

대의 황하 상류 지역 감숙성과 청해성 일대에 살던 고강족 선조들과 매우 비슷하며 촌락의 중심 지역, 신수림(神樹林), 채문(寨門) 등도 마찬가지로 모두 강렬한 상징성을 띠고 있다. 때문에 토장방과 토장방 촌락에는 선조들로부터 전승되어 내려온 우주와 시공에 대한 원초적 인식이 투영되어 있으며 조상에 대한 숭배가 담겨져 있다.

합니 신화에는 다음과 같은 전설이 있다. 태고에 합니 사람들은 산에 있는 동굴에서 살았는데 산이 높고 길이 가팔라 드나들거나 일하기가 불편하였다. 후에 사람들이 '야라(惹羅)'라는 지역에 갔을 때 온 산과 들판에 큰 버섯들이 자라고 있는 것을 보았는데 이들은 비바람에도 끄떡없었고 개미나 곤충들이 그 밑에서 살고 있었다. 이에 사람들은 버섯 모양을 본떠 버섯 집을 지었다. 이러한 애니미즘은 마을의 구조에도 반영되어 있는데 예를 들어 마을 위쪽에 조성된 '채신림(寨神林)'은 마을을 만들 때 가장 먼저 정해야 하는 마을신의 거소로서 합니족 사람들은 마을신이 사람, 식량, 동물을 지켜준다고 믿는다. 마을 바깥에는 큰 나무를 심어 표지로 삼거나 혹은 나뭇가지로 간단하게 채문(寨門)을 만들어 놓는데 이는 재앙이나 사악한 기운, 귀신이 마을 안으로 들어오지 못하게 하기 위해서이다. 마을 한쪽에 설치된 '마추장(磨秋場)'은 온 마을 사람들이 제사를 올리는 장소이다.

토장방의 벽

마을 안에는 우물이 있는데 합니 사람은 산에서 흘러나오는 이 시냇물을 산신이 주신 경장옥액(琼漿玉液)*이라 여겨 이를 마시면 여자들은 예뻐지고 남자들은 더 멋있어진다고 믿는다. 이러한 것들을 볼 때 이족과 합니족 사람들은 마을을 안전한 거주지이자 피난처이면서 정신적인 안식처로 여긴다는 걸 알 수 있

* **琼漿玉液**: 빛깔과 맛이 좋은 술

멀리 바라본 토장방 마을

다. 때문에 그들은 집과 마을의 기원에 대한 갖가지 상상을 펼치곤 하였는데 여기에는 아름다운 삶에 대한 동경이 자연스럽게 깃들어 있다.

토장방 마을에는 집집마다 화로가 있으며 이는 가정생활의 정신적인 구심점이다. 화로는 방 가운데에 있으며 불씨는 계절과 관계없이 항상 살아있다. 그 위에는 솥을 올려 요리를 할 수 있게끔 삼각대를 받쳐놓는다. 평상시에는 가족 모두가 화로에 둘러 앉아 차를 마시고 식사를 하며 겨울밤에는 화로의 불을 쬐곤 한다. 어떤 집에서는 집안의 노인을 위해 화로 주변에 잠자리를 마련하기도 하는데 이는 '불을 쬐며 자는' 옛 풍속이기도 하다. 손님이 왔을 때 주인은 손님을 화로 곁에 앉게 하고 긴 물 담배나 김이 모락모락 나는 '찹쌀향차'를 대접하거나 짙은 향이 나는 '민과주(悶鍋酒)'를 권하기도 한다. 술기운이 오르면 주인은 목청을 가다듬고 손님을 위해 행운과 복이 깃들기를 바라는 노래를 한 가락 뽑는다. 화로는 이렇게 훈훈하고도 따뜻한 정을 담고 있다.

토장방과 토장방 촌락의 다른 특징으로는 바로 토장방 한 채의 면적과 크기가 그리 크지 않다는 것이다. 모든 집들은 비슷한 크기를 가지고 있어 균형과 평등사상을 느낄 수 있다. 마을 안에는 담이 높은 대저택이나 골목 깊숙이 한참 들어가 있는 집이 없어 경관과 시야가 탁 트여있으며 쾌적하고 조용함을 느낄 수 있다. 이는 가옥의 규모나 등급의 차이가 명확하게 나는 다른 민족의 마을과는 큰 차이를 보이는 것으로 이족과 합니족의 가족과 사회 구조의 영향을 받은 것이다. 합니족은 지금까지 남성 위주의 부계 가정 구조를 유지하고 있는데 이러한 부계 가정은 몇 세대가 같이 모여 사는 경우가 드물다. 이들은 "나무가 자라면 가지가 뻗친다."는 전통을 고수하여 막내아들만 부모가 돌아가실 때까지 같이 살고 다른 자식들은 결혼하면 곧 분가한다. 이렇게 각 세대가 모두 분가하며 작은 가정을 이루면서 사회의 기본 단위를 구성하는데 세대의 종적 혈연 구조 때문에 전체 마을은 복잡하면서도 매우 명확한 혈연관계와 촌락 사회 구조를 형성하였다. 이러한 촌락 사회 구조로 인해 마을 사람들은 단결력이 매우 강하다. 이렇게 화목하고 협동적인 분위기는 토장방 마을 어디에서나 볼 수 있는데 합니족의 '장가연(長街宴)'은 즐겁고 화기애애한 이웃 간의 정을 여지없이 보여준다.

상 제각각 들어서 있는 버섯 집과 마을 골목

하 연못이 많고 주위에 나무가 빽빽이 들어차 있는 마을의 모습

합니족의 전통 역법에서는 매년 음력 10월 1일을 신년으로 친다. 사람들은 이때 마을 중앙에 긴 주연석을 깔고 단결과 화목, 길상(吉祥)과 행복을 상징하는 명절을 함께 축하한다. 이 행사는 매우 독특한 형식으로 치러지는데 모양이 마치 긴 용 같다고 하여 '장가연'이라 부른다. 사람들은 100여 개의 네모난 탁자를 거리 중앙에 100여 m 정도로 쭉 연결해 놓고 각자 요리 한 가지씩을 대나무 접시에 담아 내놓는데 참새, 미꾸라지, 잉어, 죽순, 목이버섯, 신선한 과일 등 없는 요리가 없다. 이렇게 토장방 마을의 건물, 거리와 사람들의 삶이 하나로 어우러진 활기찬 모습을 보고 있자면 저절로 감탄이 나올 수밖에 없다.

좌 합니족 마을의 신수림(神樹林)

우 초가지붕과 골목, 녹색의 나무가 한데 어우러져 있다.

토장방에는 창문이 아주 작게 나있으며 창의 격자는 굵고 튼튼한 나무로 만들어져 있다. 날씨가 맑은 날 한줄기의 햇볕이 창 안으로 비추면 사물들이 환해지면서 생기가 돌며 은은한 달빛 아래에서는 고풍스럽고 신비한 분위기를 자아낸다.

자연과 어우러진 신비로운 정경

토장방 마을은 주변의 자연과 잘 어울려 있는 살기 좋은 생태 거주지이다. 가옥들은 양지바른 산비탈을 따라 계단식으로 층층이 지어져 있고 높낮이는 일정치 않다. 산 위의 샘물은 마을로 흘러내려와 집집마다로 이어진다. 마을 곳곳에는 금죽(金竹)과 종려나무, 비파나무 등을 심어놓아 쾌적한 환경을 갖고 있다. 합니족의 옛 노래처럼 "마을 어귀에는 종려나무가 세 줄로 심어져 있고 집에는 금죽이 세 줄씩 심어져 있으며" 마을 주변에는 삼림이 무성하고 울창하다. 마을 앞의 계단식 논은 산기슭까지 이어져 있고 모내기철만 되면 논은 마치 거울같이 맑아 햇볕이 내리쬐면 투명하게 반짝거린다.

계단식 논은 자연을 존중하면서 삶의 터전으로 이용하려는 합니족의 걸작품이다. 합니족은 긴 세월 동안 고산 협곡이라는 험난한 환

상 아침 햇살에 비친 계단식 논

하 애뢰산 깊은 곳의 합니족 계단식 논

경 속에서 계단식 논을 경작하면서 오랜 경험을 축적하였고 일련의 개간 방법들을 개발해 왔다. 이들은 서로 다른 지형과 토양 위에 제방과 도랑을 만들었고 자연 생태 조건을 이용하여 마르지 않는 산의 시냇물을 논으로 흐르도록 대어 놓았다. 계단식 논은 초봄에는 하늘에서 떨어진 진주알 같고, 3, 4월에는 녹색의 벽걸이용 양탄자 같으며, 초가을 곡식이 다 익었을 때는 마치 황금 조각 같아 보이는데 이는 합니족 사람들의 노력에 대해 대자연이 주는 풍성한 대가이다. 들쭉날쭉 이어져 있는 애뢰산 지역의 계단식 논은 많게는 수백 층으로 되어 몇 개의 산에 걸쳐 쭉 이어져 있으며 망망한 운해처럼 뻗어있어 그야말로 장관을 이룬다. 어떤 학자는 "계단식 논의 개간에 성공한 것은 합니족 사회 역사 발전에 중요한 전기를 마련하였다. 그들은 정처 없는 떠돌이 경작 생활과 끝도 없는 화전 생활을 접고 정착하여 계단식 논의 경작을 통한 농경 문화를 주축으로 하는 새로운 생산 방식과 가치관, 인생관을 갖게 되었다."고 말한다. 명대의 저명한 농학자인 서광계(徐光啓)[1]는 서남 산악 지역을 답사하던 중 합니족의 계단식 논을 보고는 크게 놀라 매우 감동받았으며 이를 그의 저서인 『농정전서(農政全書)』에 기록하기도 하였다.

계단식 논은 합니족의 삶 속에 깊이 들어와 떼려야 뗄 수 없는 연을 맺게 되었다. 애뢰산의 합니족 속담에 '계단식 논은 총각의 얼굴'이라는 말이 있다. 총각은 잘생겼든 못생겼든 외모보다는 농사일을 얼마나 잘하느냐가 더 중요하다는 말이다. 고랑을 파거나 김매기와 쟁기질을 모두 잘하면 큰 칭찬을 받고 미혼 여성들도 자연스럽게 그를 좋아하게 된다. 미혼 여성들도 외모보다는 논에서 일을 잘하느냐 못하느냐가 중요하게 생각된다.

사실 합니족의 근면함과 지혜는 계단식 논을 개간하는 데에서도 드러나지만 더욱 중요한 것은 '계단식 논 문화'를 만들어냈다는 것이다. 이 문화에 담겨져 있는 실질적인 정신은 자연에 감사하고 순응하며 자연을 잘 보호하는 것이다.

산 중턱에 있는 토장방 촌락도 이 자연 생태계에 조화롭게 어울려 있으며 그 속에서 자기만의 위치를 갖고 있다. "산 위에서는 목축을 하고 중턱에서는 사람이 살며 산기슭에서는 경작하기에 좋다."라는 말은 촌락이 어디에 모여 있는지를 가장 명쾌하게 설명해준다. 합니족의 옛 노래나 속담에는 촌락의 위치에 대한 언급이 반복적으로 등장한다. "위쪽 산은 베개로, 아래쪽 산은 다리를 쉬는 곳으로, 양쪽 산은 보호막으로 삼고 마을은 한 가운데에서 잠자고 있네. 높은 산과 신수(神樹)는 마을 아래 층층이 펼쳐진 논을 바라보고 있구나.", "밭을 가꾸려면 산 아래에서, 아이를 낳으려면 산 중턱에서", "합니의 마을은 어디인가? 준마와 같은 높은 산의… 아래쪽에 말총처럼 흩어져 있고 큰 산은 어머니의 품처럼 물가의 마을을 품고 있다… 마을 어귀의

산 위에서는 목축을 하고 중턱에는 사람이 살며, 산 어귀에서는 농사를 짓는다.

산기슭에 무성한 신림(神林)이 있는지, 아가씨의 눈동자 같은 용담(龍潭)이 있는지를 보라", "높디높고 푸르른 산등성이는 물이 맑으며 재해가 적네, 산이 높으면 물에 잠길 걱정이 없고 가파른 길은 나쁜 사람이 올라오기 힘들다네. 우거진 산림에는 길을 내기 힘들어 나쁜 사람이 함부로 마을 안으로 들어올 수 없으니 합니의 자손들은 이곳에 보금자리를 만들기를…."

합니족 마을 뒤편의 산에는 나무와 숲이 울창하게 우거져 있는데 사람들은 이를 신림(神林)이라 여겨 매년 제사를 지내고 마을의 안녕과 마을 사람들의 건강, 풍성한 수확을 기원한다. 이 때문에 산림을 보호하는 것은 그들의 소박하고 자연스러운 바람이면서도 필요에 의한 것이다. 합니족은 산채의 인구를 자원에 맞게 잘 조절하여 산채들은 대부분 그다지 크지 않으며 수백 가구 정도가 모여 산다. 인구가 늘어나면 일부 사람들은 마을을 떠나 다른 곳에서 똑같은 방식으로 마을을 세우고 계단식 논을 개간한다. 이러한 촌락 발전 방식은 또 다른 측면에서 이곳 사람들의 자연에 대한 이해와 순응을 보여주는 것이다.

토장방 마을과 그곳의 경관은 마치 선경(仙境) 같고 마을은 큰 화원처럼 푸르른 대자연 속에서 돋보인다. 토장방 마을은 애뢰산맥의 각 민족들의 마음처럼 자연에 융화되어 있고 그곳에 의지하고 있다.

– 왕동(王冬) | 교수, 박사 연구생

1| **서광계**(徐光啓, 1562~1633): 명나라 말기의 정치가이며 학자. 예수회에 입교하여 마테오리치에게 천문, 역산, 지리, 수학, 수리(水利), 무기 등의 서양 과학을 배웠다. 『기하원본』, 『농정전서』, 『숭정역서』 등을 번역 또는 저술하고 대포, 철포를 사용하는 서양 전술의 채용을 진언하였다

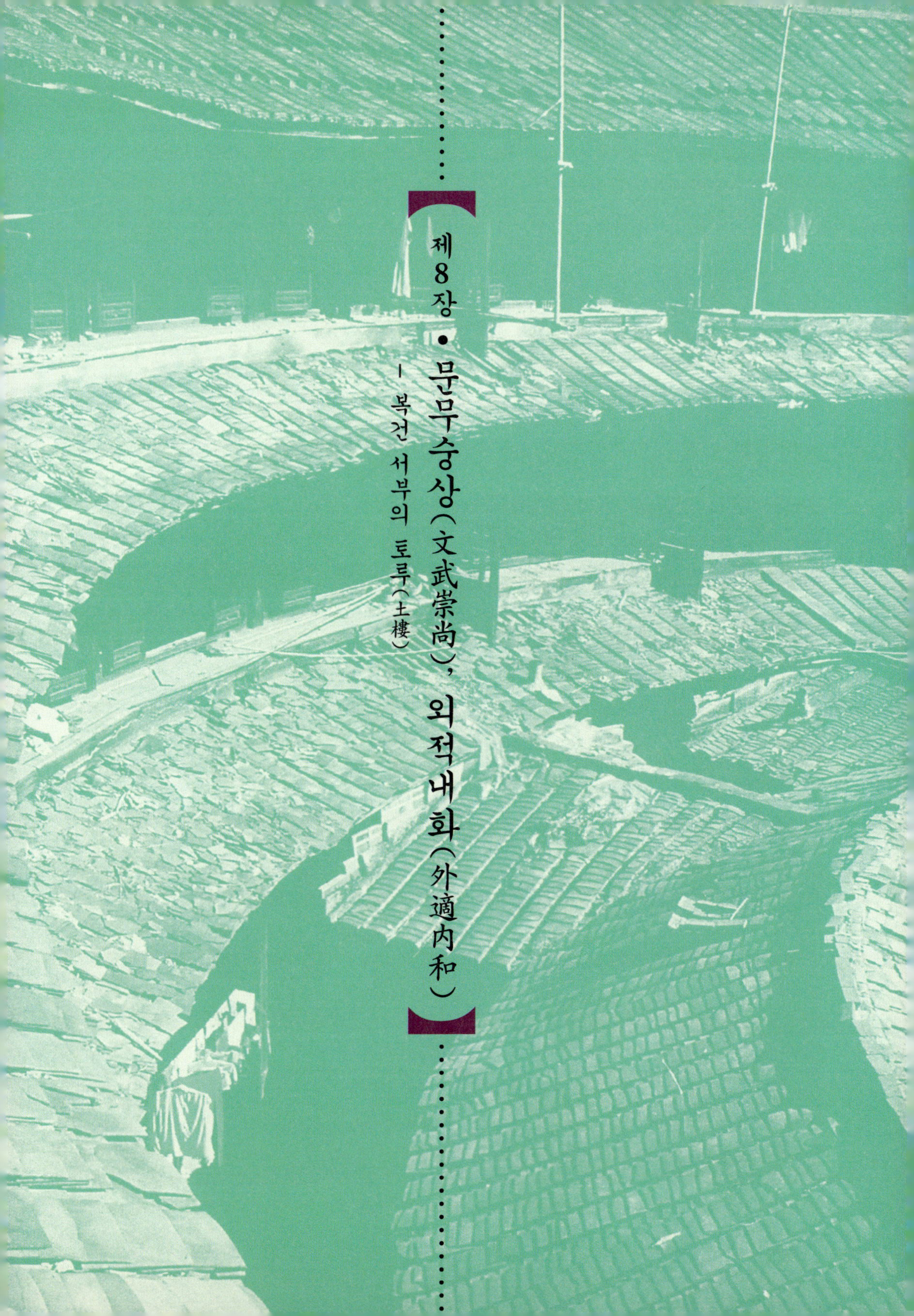

제8장 • 문무숭상(文武崇尚), 외적내화(外適內和)

— 복건 서부의 토루(土樓)

* **客家人**: 한족의 한 갈래로 현재 세계 전역에 분포해 살고 있으며 객가어를 사용하고 상인 기질이 강하다.

복건(福建) 서부 지방은 여러 산들로 둘러싸여 있어 대도시의 번잡함이나 공업 문명의 경박함에서 멀리 떨어져 현세의 정토나 무릉도원 같은 느낌을 준다. 여기에서 사람들에게 가장 많이 알려진 것이 바로 평화롭고 아름다운 무이(武夷)의 풍경이다. 그러나 이곳이 그보다 중요하고 신성한 의미를 갖는 점은 바로 전 세계 수천만 명에 달하는 객가인(客家人)*들이 대대로 살아온 땅이자 그들이 꿈에서도 그리는 고향이라는 것이다. 또한 특수한 역사적, 지리적 환경의 영향으로 인해 이 지역에는 '토루(土樓)'라 불리는 독특한 건축 양식이 발달하였는데 그 모습을 직접 본 사람들마다 실로 감탄을 금치 못한다.

상 항토 시공 기술

하 산으로 둘러싸인 토루

토루란 글자 그대로 풀이하면 흙을 재료로 하여 지은 집이라는 뜻인데 전문 용어로 말하자면 생토 건축이라 한다. 토루를 지을 때는 주로 굽지 않은 점토와 사토를 일정 비율로 섞은 다음 석회와 형틀을 이용하여 단단히 다져 견고한 벽체를 만들며 들보와 기둥 등의 구조물은 목재를 사용한다.

복건 서부 지역의 토루는 그 수가 많고 유형이 다양하며 독특한 형태를 띠고 있다. 중국의 전체 주거 문화에서 독자적인 위치를 차지하고 있는 토루는 1980년대 들어 조금씩 세간에 알려지기 시작하였다. 1986년 중국 우전부(中國郵電部)는 중국의 민가를 주제로 한 시리즈의 우표를 발행한 적이 있는데 그중 1위안짜리 복건 민가 우표의 도안이 바로 객가 토루의 승계루(承啓樓)였다(이 우표는 당시 세계에서 가장 아름다운 우표로 꼽혔음). 과거 몇 세기 동안 깊은 산에서 '은거'해 왔던 복건 서부의 토루는 오늘날 관광 자원이자 학술 연구의 풍부한 보고가 되어 큰 주목을 받고 있다.

객가(客家)의 고향

토루를 말할 때 빼놓을 수 없는 것이 바로 객가이다. 복건 서남부에 거주하는 수많은 객가인들은 토루에서 살고 있으며 현존하는 수많은 중요한 토루들은 객가인들이 모여 사는 곳에 밀집되어 있다. 객가인은 강소와 절강성, 복건성과 해남, 광동 지역의 사람들과는 구별되는 한족의 한 갈래로서 한족의 약 6%를 차지한다. 객가인의 조상은 원래 중원에서 살았다. 서진(西晉)[1] 이후에 중원의 한족이 전란으로 인해 점차적으로 남하하였는데 우여곡절 끝에 일부 사람들이 지금의 강서, 광동, 복건 3성의 접경 지역으로 이주하였고 현지 민족과 섞여 오랜 시간이 흐르면서 객가 민계(民系)를 형성하게 되었다. '객가(客家)'라는 말은 '토착(土着)'과 상대되는 말이다. 지리 조건이 비교적 좋은 평원 지역은 이미 한족들이 차지하고 있었기 때문에 객가인은 산이 많은 강서성 남쪽, 복

복건 서부 객가 지역 분포도. 『민서객가(閩西客家)』(삼련서점, 2002)에서 인용

장관을 이루는 남정(南靖)현의 도루군

건성 서쪽, 광동성 동쪽 지역에 정착할 수밖에 없었다. 이 때문에 오늘날 "산이 있는 곳에는 반드시 객가인이 있고, 산에 살지 않는 객가인은 없다(逢山必有客, 無客不住山)."라는 말이 생겨나게 된 것이다.

현재 강서성 남쪽, 복건성 서쪽, 광동성 동쪽 지역은 행정 구획상 서로 다른 성(省)에 속해 있지만 역사적으로 보면 하나의 문화권에 속하는 객가인들의 근거지이며 산이 많고 편벽한 지역이다. 복건성 서부의 객가인들은 주로 영화(寧化), 청류(清流), 상항(上杭), 장정(長汀), 영정(永定), 연성(連城), 무평(武平)의 7개 순객가현(純客家縣)과, 객가인과 한족이 섞여 살고 있는 비순객가현(非純客家縣)인 명계(明溪), 순창(順昌), 건영(建寧), 태녕(泰寧), 소무(邵武), 광택(光澤), 숭안(崇安), 용암(龍岩), 남정(南靖), 평화(平和), 조안(詔安) 등 11개 현에 살고 있다.

모든 객가인들이 토루에 사는 것은 아니다. 토루는 일종의 주거 건축물로 객가인의 유일한 가옥은 아니며 복건 서부와 남부 지역의 비객가 지역에도 토루가 들어서 있다. 중국 학자들의 연구에 따르면 토루의 주요 분포지는 복건에 있는 민남인과 객가인의 거주 접경 지역인 복건성 서남부의 용암, 영정, 남정, 평화, 조안, 운소(雲霄), 장포(漳埔), 화안(華安) 등의 현과, 광동성 동북부의 요평(鐃平), 대포(大埔) 등의 현이며 특히 복건의 영정현, 남정현과 광동 동부의 일부 지역에 집중되어 있다. 다른 지역에서는 이러한 토루, 특히 원형 토루가 비교적 드물다. 이러한 현상은 토루가 위치한 지역의 지리 문화적 배경 때문이다.

역사적으로 보면 복건 서부의 객가인은 대부분 인근의 강서성에서 넘어왔으며 북에서 남으로 서에서 동으로 이주하였다. 때문에 복건 서부 객가 지역의 서북부가 객가 문화의 핵심 지역이 되는데 이 일대는 명청 시기에 정주부(汀州府) 관할 지역이었고 정주부 밑의 장정(長汀)이 바로 복건 서부 객가 지역 서북부에 위치해 있다. '객가의 발상지'인 석벽(石壁)과 상업 중심 도시였던 사보(四堡)도 역시 이 지역에 있다. 객가 문화의 가장 핵심인 이 지역에는 다층 토루가 의외로 적고 중원(中原)의 것과 비슷한 정원식 가옥이 일반적이다. 오히려 남쪽으로 가면 객가인과 복요인(福佬人)* 같은 다른 민계 사람들과 함께 섞여 사는 지역에서 토루가 대량으로 발견된다. 명청 시대에 이 일대에서는 민족끼리 격렬한 분쟁이 끊이지 않았고 무장 충돌도 시시때때로 일어났는데 사서에서는 이를 '구도(寇盜)'와 '비환(匪患)'이라 칭하였다. 이런 불안한 상황 속에서 현지의 객가인과 복요인들은 원래의 생활 방식을 버리고 방어 기능이 더 충실한 토루로 들어갈 수밖에 없었다. 여기서 내릴 수 있는 결론은 토루 문화는 단지 찬란한 객가 문화의 일부분일 뿐이며 특수한 상황에서 태어난 주거 환경이자 생활 방식일 뿐 객가 문화의 전부는 아니라는 것이다.

* **福佬人**: 한족민계(漢族民系)의 하나로 대부분 민남(閩南) 각지나 민서(閩西)의 용암, 장평(漳平) 일대에 살며 언어는 민남어계(閩南語系)의 복요 방언을 쓴다.

토루 스케치

토루를 처음 볼 때 사람들은 먼저 그 규모에 압도당하는데 중국의 가옥에서 이런 규모는 흔치 않다. 물론 다른 가옥 중에도 대규모의 건축물이 없는 것은 아니지만 이런 경우 전체 건물이 통일된 웅장

건물 위층에 튀어나온 다락방은 아래로 공격하기에 편리하다.

방루의 당당한 풍채

함보다는 건물 내 각각 부분의 풍부함이 강조되어 있다. 반면 토루는 기하학적 모양의 단순한 형태로 대부분 원형, 사각형, 타원형, 팔괘(八卦)형, 반월(半月)형, 다변형의 평면을 갖고 있다. 그 외에도 건물 지붕의 높이를 서로 다르게 하여 여러 층으로 겹쳐놓은 '오봉루(五鳳婁)'라 불리는 것이 있는데 그 형태가 매우 다양하다.

상 타원형의 평면을 갖는 토루

하 전형적인 다환 원루

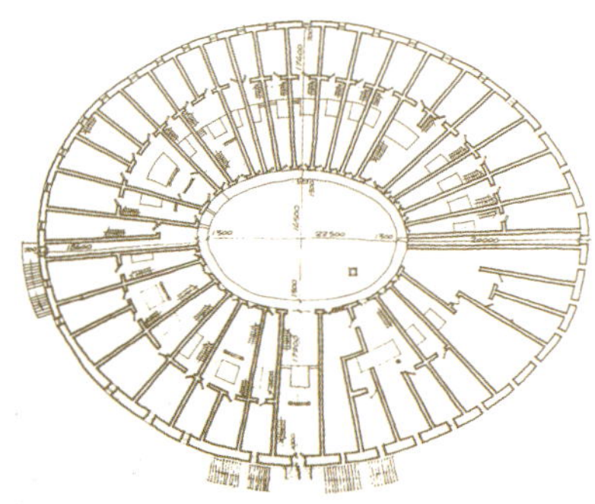

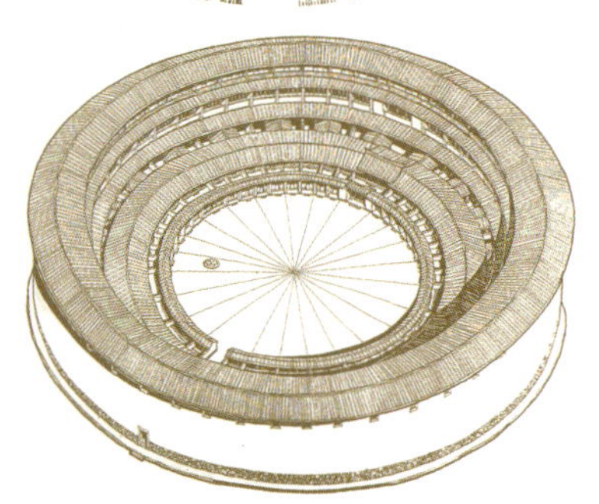

흥미로운 것은 기하학적 형태가 두드러진 고대 건축물들은 대다수가 기념비적 의미이거나 제사의 기능을 가졌다는 것이다. 그리스의 파르테논 신전, 이집트의 피라미드, 중국의 천단(天壇) 등과 같은 건축물들이 그러하며, 이들 건축물은 사람들에게 신비감을 주기에 충분하였다. 주로 방어를 목적으로 지어진 토루의 외관은 보루 같이 생긴 독특한 외관을 갖고 있어 신비감을 자아내며, 들어가 내부를 보고 싶은 생각을 불러일으킨다.

토루는 보통 2층에서 6층으로 되어 있는데 1층에는 대개 창을 내지 않으며 2층 이상에 조그만 창을 몇 개 낸 형태가 군사 방어적 색채가 농후하다. 건물의 구조와 기능을 살펴보면 1층은 통상 주방, 식당이고 2층은

좌 유경루 정문

우 유경루의 중정(中庭)

물품을 저장하는 창고, 3층 이상은 침실이다. 토루 외벽의 기단은 폭이 3m에 달하며 아래층의 벽 두께는 1.5m인데 이 두께는 위로 올라갈수록 점점 좁아진다. 외벽의 안쪽으로는 목판을 사용하여 여러 개의 방을 만들어 놓았고 방 앞은 주랑(走廊), 제일 중앙에는 사당, 학당이나 무대가 들어서 있다. 토루는 외부적으로는 극히 폐쇄적이나 내부로 들어서면 완전히 다른 세계가 펼쳐진다. 모든 방은 주랑을 통해 안쪽으로 트여 있어 인정미가 물씬 풍기는 '중정(中庭)*'을 형성하고 있다. 토루 안을 거닐다 보면 대련이나 서화를 어디서나 볼 수 있어서 '숭문상무, 외강내유(崇文尙武, 外剛內柔)**'라는 말이 절로 떠오른다.

복건 서부의 토루는 형태가 매우 다양한데 그중에서 크고도 넓은 것으로 방루(方樓), 원루(圓樓)와 오봉루가 있다.

방루는 영정에 가장 많이 있는데 구조가 간단하여 평면은 사각형이나 직사각형, 혹은 '목(目)'자형이다. 현재 가장 잘 알려진 방루로는 영정현 고피진(高陂鎭)에 있는 '유경루(遺經樓)'로서 이는 청 함풍(咸豊) 원년(1851)에 지어졌으며 4,000여 m^2의 면적에 3대에 걸쳐 70여 년 동안 지어졌는데 현지인들은 이를 '대루하(大樓厦)'라 부른다. 외벽의 크기는 동서로 136m, 남북으로 76m에 달하며 한 개의 정문과 두 개의

* **中庭**: 중국 건축의 가운데 있는 정원, 마당을 말한다. 남방에서는 천정(天井)이라 한다.

** **崇文尙武, 外剛內柔**: 문무를 숭상하고 겉으로는 강하고 안으로는 부드럽다는 뜻

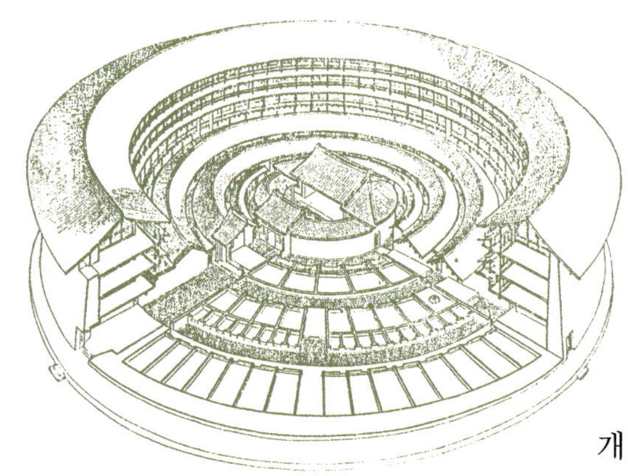

세월의 풍파를 겪은 승계루

측문이 있다. 건물은 네 부분으로 나누어지는데 가장 북쪽의 건물은 5층, 좌우와 앞쪽의 건물은 4층으로 '구(口)'자 모양으로 배치되어 있고 내부에도 '구(口)'자형의 건물이 또 하나 들어서 있어 전체적으로 '회(回)'자형의 구도를 보인다. 건물의 중심은 조당(祖堂)이며 전루(前樓)* 앞에 좌우 양 날개 쪽에 뻗어 나온 건축물은 학당으로 자제들이 공부하는 곳이다.

원루는 복건 서부의 토루 중 가장 유명한 것으로 수세기 동안 알려져 있지 않다가 세간에 알려지자마자 일거에 유명해졌다. 원루의 평면은 단환(單環), 다환(多環), 그리고 원형 안에 사각형의 건물이 들어서 있는 형태로 구분된다. 가장 흔한 것이 다환루(多環樓)로서 평면은 몇 개의 동심원으로 되어 있는데 건물의 높이는 바깥쪽에서 안쪽으로 갈수록 낮아지며 건물 안에 또 하나의 건물이 둥그렇게 중첩되어 있다. 중앙부는 보통 사당으로 한 가문의 모든 구성원들이 중요한 행사를 치루는 공공장소이다. 잠정적 통계에 따르면 영정현에 현존하는 원루는 360여 개 정도이고 그중 연대가 가장 오래되고 환수(環数)가 가장 많은 것이 '승계루(承啓樓)'이며 직경이 가장 큰 것은 '심원루(深遠樓)', 가장 작은 것은 '여승루(如升樓)'이다.

승계루는 영정현 고두향(高頭鄕)에 있는데 직경이 73m, 주랑의 총 길이는 229.34m로 압도적 크기를 자랑한다. 총 400개의 방이 있으며 60여 가구의 400명이 거주한다. 이 건물은 1981년에 『중국 명승사전(中國名勝詞典)』에 수록되었으며 '토루왕(土樓王)'이라는 호칭을 얻었다. 승계루의 평면은 삼환일중심(三環一中心)**으로 외환(外環)은 4층이고 층마다 72개의 방이 있다. 이환(二環)은 2층으로 층마다 40개의 방, 삼환(三環)은 단층으로 32개의 방이 있으며 중앙은 사당이다. 민간에서는 "4층의 높이에 4개의 건물이 중첩되어 있고 총 400개의 방이 있

* **前樓**: 맨 앞쪽의 건물

** **三環一中心**: 사당을 중심으로 둥그런 건축물들이 세 겹으로 감싸고 있는 구조

다, 원 안에 또 원이 있으며 300년의 역사를 갖고 있다."라고 직설적으로 그 특징을 표현하였다.

오봉루는 복건 서부 토루 중에서 비교적 특수한 건축에 속한다. '오봉루'라는 이름의 유래에 대해서는 많은 설이 있는데 어떤 사람은 '오봉'은 각각 다섯 가지 다른 색깔의 '새'를 의미하여 동서남북과 중앙의 다섯 방위를 가리킨다고 하고 어떤 사람은 오봉루 지붕이 대부분 5층으로 되어 있고 날개를 편 봉황같이 생겨 이렇게 부른다고도 한다. 어떤 말이 맞든 한 가지 확실한 것은 오봉루는 토루 중에서 중원의 정원식 가옥에 가장 근접한 형태라는 것이다. 오봉루는 대다수가 객가 문화의 핵심 지역에 위치하고 있고 중원 예교 문화의 영향을 비교적 많이 반영하고 있다는 점에서 중원의 사합원식 주택이 복건의 특수한 환경과 결합하여 탄생한 변종이라 할 수 있다. 오봉루는 단정하고 반듯하며 높낮이가 서로 다른데 정면에서 보면 마치 북경 고궁의 오문(午門)과 비슷하다. 옛 북경 사람들이 고궁 오문 위에 있는 건축을 '오봉루'라 불렀는데 이는 우연이 아닌가 싶다.

오봉루의 전형적 특징으로는 삼당양횡(三堂兩橫), 명확한 축선, 배

전형적인 다환 원루

풍채 당당한 오봉루

* **大夫第**: 제(第)란 집이나 저택을 가리키는 말로 여기서는 대부(大夫)의 벼슬을 하는 관리가 사는 집이라는 뜻이다. 이는 집안사람들이 관료로 출세하기를 바라는 마음을 담고 있다.

산임수, 전저후고(前低後高)를 들 수 있다. '삼당양횡'의 삼당은 남북으로 이어지는 축선의 정 중앙에 위치한 하당(下堂), 중당(中堂)과 주루(主樓)를 말하며 양횡은 각각 양측에 세로로 세워진 사각형의 건물을 가리킨다. 이러한 정원식 구도는 중원의 것과 매우 흡사하지만 오봉루 건물은 대부분이 북쪽이 높고 남쪽이 낮은 경사진 산비탈에 세워져 있어 전체 건물은 남쪽에서 북쪽으로 계단식으로 높아지며 정면에서 보면 지붕이 층마다 낮아지는 효과를 가져와 제법 위세가 있다. 오봉루가 위치한 지역은 예교(禮教)가 발달하여 가문 사람들은 언제나 자제들이 과거에 급제하여 가문을 빛내주기를 희망하였다. 오봉루 대문에는 보통 '대부제(大夫第)*'라는 세 글자가 쓰여진 편액이 있어 오봉루를 '대부제식(大夫梯式)' 토루라 부르기도 한다. 이러한 편액은 신분을 과시하려는 의도도 있지만 자식들이 이 대부제를 통해 벼슬이 점점 높아져 크게 출세하기를 바라는 열망을 담고 있기도 하다.

영정현 호갱진(湖坑鎭) 홍갱촌(洪坑村)의 '복유루(福裕樓)'는 전형적인 오봉루이다. 이 건물은 임(林)씨 삼형제가 1880년부터 짓기 시작한 것으로 총 면적은 7,000여 m²에 달한다. 복유루는 주루가 들어선 중심 축선이 전저후고이며 두 채의 횡옥(橫屋)은 양 측면에 들어서 있

오봉루의 지붕은 치켜 올라간 봉황의 꼬리처럼 생겼는데 이는 과거 급제를 상징한다.

복유루

다. 건물 전면에는 세 개의 대문이 있으며 주루와 횡옥은 외관상으로 긴밀하게 연결되어 있다. 건물의 기단과 담벼락은 주변 강가의 자갈을 쌓아 정교하게 만들었으며 주변 환경과 잘 어우러져 있다. 건물의 외형은 세 개의 산과 같은 모양을 하고 있는데 이는 집주인인 삼형제의 '삼산(三山)'이라는 의미를 담고 있다.

다른 형태의 토루들은 타원형, 반월형, 다변형 등 다양한 평면 구도를 가지고 있는데 그중 살펴볼 만한 것이 '팔괘루(八卦樓)'라는 것으로 이는 단순한 팔각형이 아닌 중국 전통 문화의 기호를 함축적으로 나타내는 건물이다. 복건 서부에서는 토루의 부지를 선정할 때나 나쁜 기운을 물리칠 때 모두 팔괘를 참고하였다. 그러나 몇몇 토루는 건축 평면 자체를 직접 팔괘 형상으로 만들었는데 이것이 팔괘루의 유래이다. 이러한 팔괘루의 평면은 표준적인 팔각형인데 대표적인 예로 광동 요평현 삼요향(三饒鄉) 남림촌(南林村)의 '도운루(道韻樓)'가

진성루 안의 대청은 중국과 서양식이 적절히 어울려 멋을 더해준다.

있다. 몇몇 팔괘루 중에는 외관은 원형이며 평면 구도에만 팔괘 사상을 응용한 것이 있는데 이런 건축은 원형 토루로 분류해도 무리는 없다. 이런 종류의 전형적인 토루로는 영정현 호갱진 홍갱촌의 '진성루(振成樓)'가 있다.

진성루는 임씨 가족이 1912년에 지었으며 면적은 5,000m^{2}이고 평면은 두 개의 환루로 되어 있다. 외환루는 원형으로 4층이며 팔괘에 따라 여덟 부분으로 구분되는데 매 괘마다 6칸씩 총 48칸이 있다. 매 괘마다 각각 계단을 설치하여 독립적인 단위를 이루는데 괘와 괘 사이에는 방화벽을 쌓고 사람이 다니도록 아치형 문을 설치하였다. 이는 한 괘에서 불이 나면 문이 닫혀 불이 전체 건물로 번지는 것을 막아주는 역할을 하고, 도적이 침입하면 각 괘의 문이 닫혀 침입자가 갇히게 되는 방범 역할도 한다. 내환루(內環樓)는 2층으로 되어 있으며 여러 서구식 건축 양식을 도입하였다. 예를 들어 주랑의 주철난간(鑄鐵蘭杆), 석주석량(石柱石梁), 화병난간(花瓶蘭杆)과 여러 양식을 혼용한 기둥 등은 중국식과 서양식이 어우러져 정교하고 아름답다. 이렇게 서구 양식을 도입하게 된 것은 주인인 임씨 가족이 타지에서 사업을 하면서 여러 서구 문화를 접하였기 때문이다. 건물은 일청(一廳), 이정(二井)*, 삼문(三門)**과 8개의 독립된 거주 단위(八卦)로 이루어져 있으며 독특한 장인 정신을 엿볼 수 있다. 동서양 건축의 정수를 모아놓은 진성루는 1995년에 이 건물의 모형이 미국의 로스앤젤레스의 세계 건축 전람회에 전시되어 큰 반향을 불러일으켰고 '동방 건축 명주(東方建築明珠)'라는 명예로운 호칭을 얻게 되었다.

토루의 원형을 찾아서

토루의 다양한 모습을 둘러보다 보면 문득 한 가지 의문이 든다. 토루는 어떻게 생겨나서 오늘날의 이런 모습을 띠게 되었을까? 이는 일련의 복잡한 문제로 학자들의 견해가 분분한데 몇 가지 주요 견해를 살펴보자.

먼저 토루의 기본적인 특징으로 한 가문이 함께 모여 산다는 것을 들 수 있다. 이 점은 중원 한족의 전통적인 생활 방식과 일치한다. 토루는 대가족 같은 분위기가 물씬 풍기고 온갖 시설이 다 갖추어져 있어 하나의 작은 사회라 할 수 있다. 가문의 장은 대개 덕망이 높은 연장자가 맡게 된다. 토루의 평면은 대칭이며 건물의 중심이 명확하여 확연한 위계 질서가 반영되어 있다. 이러한 구조는 중국의 전통적인 종법 관념(宗法觀念)에 부합하며 많은 구성원이 함께 모여 사는데 있어 관리와 통제가 용이하다. 기술적 측면에서 보면 대부분 항토 기술(夯土技術)***을 사용하였지만 중원의 목가구 건축군에도 포함되기 때문에 중국 건축 문화의 한 갈래라 할 수 있다. 객가인의 조상이 중원의 한족이기는 하지만 오랜 세월의 이동 과정을 거치면서 그들의 언어, 복식, 생활 습관 등은 자연스럽게 남방의 원주민들의 문화와 섞이게 되어 중원의 정통 문화에서 상대적으로 변질되었다. 게다가 지리

* 二井: 팔괘의 음양 양극을 상징한다.

** 三門: 팔괘의 '천, 지, 인'을 상징한다.

*** 夯土技術: 흙을 단단히 다지는 기술

적으로 변방에 위치하여 중앙 정부의 통제력이 잘 미치지 못하여 대다수 객가 취락의 통치 형태도 소수 민족의 자치 상태와 비슷해져 점점 '토착화'되어 갔다. 때문에 객가인 스스로는 한족의 후예라고 강조하였지만 고대 중앙의 통치자들이 다른 소수 민족과 똑같이 취급하여 '남만(南蠻)'이라 부르며 정치적 군사적으로 탄압하고 이들의 문화를 멸시하자 객가인은 강한 자기 방어 의식을 가지게 되었다. 또한 이곳에는 여러 민족이 섞여 살았기 때문에 서로 끊임없이 충돌할 수밖에 없었고 현지 정권의 통제 능력도 부족하여 대다수 객가인들은 안전책으로서 보루와 같은 토루에 살 수밖에 없었다.

원형 토루의 출현에 관해서 전문가들은 원형 건물은 원래 복건 서부 객가 지역과 가까운 복건 남부의 장주(漳州) 지역에서 기원했는데 객가인들이 그 건축 방식을 배워 현재의 객가과 복건 남부 지역에 다량의 원형 건물이 퍼지게 되었다고 말한다. 장주 지역은 역사적으로 전란이 빈번하여 산꼭대기에 대량의 보루와 산채가 지어졌고 이것이

장주 각 현에 퍼져 있는 산채(山寨) 유적

장주의 금강루(錦江樓). 마치 보루처럼 생겼다.

토루 내의 목가구 구조

원형 토루로 발전하였다. 객가인은 원래 중원의 주택과 매우 흡사한 오봉루에 거주하였는데 동쪽으로 이주하면서 민남인과 객가인의 거주 접경 지역에 이르러서는 생존과 안전을 위해 장주 토루의 건축을 본떠 건물을 짓게 되었고 그 형태가 점점 단순화되고 방어 능력이 강화되는 쪽으로 발전하여 '오봉루, 방루, 원루'의 순서로 변천 과정을 밟게 되었다.

이 밖에도 몇몇 학자는 문화적 의미에서 원루의 기원을 해석하기도 한다. 즉 원루의 설계자는 행운과 평안, 부귀를 기원하면서 팔괘,

태극도(太極圖)를 건축에 적용시켰고 결국 원형의 평면으로 발전했다는 것이다. 앞서 언급한 진성루가 그 예이다. 중국인의 전통적인 천원지방(天圓地方)* 관념도 원루의 형성에 어느 정도 영향을 주었다. 동시에 원루는 같은 씨족끼리 모여 사는 단결 정신을 나타내어 사람들이 외부의 침입에 함께 맞서는 심리적인 효과도 크게 가져다준다.

정리공생(情理共生)

'숭문상무'의 특징 외에 복건 서부 토루가 갖는 또 하나의 명확한 특징이 '정리공생'이다. 이는 사람과 사람, 사람과 취락 환경 사이의 유기적인 결합과 친밀한 공생 관계를 상징한다. 여기서 '정(情)'은 감성을 의미하며 인문 정신을 중시하는 것으로 '정태관(情態觀)'을, '이(理)'는 이성을 의미하며 물질적 기술적 측면을 말하는 것으로 '생태관(生態觀)'을 반영한다. 전통 농업 사회에서 건전한 정태란 서로 모여 사는 훈훈한 인간관계, 학문과 배움을 중시하는 전통 가족의 혈연과 지연 관계, 정신적 구심점과 화합을 중시하는 미학 사상, '예'의 도덕 숭상 등등을 의미하며 건전한 생태란 자연에 순응하는 건축물, 주변 환경의 생태 환경을 깨트리지 않고 토지를 아끼며 생태림을 보호하는 것 등을 말한다.

정태적 측면에서 토루 사람들은 순박하고 서로 존중하며 함께 모여 사는 생활 방식을 유지하고 있다. 언뜻 보면 토루는 현대의 기숙사와 같이 보이지만 건물 내 곳곳에는 친밀한 혈연관계와 형제애가 묻어있어 지금의 단체 기숙사와는 같은 선상에서 논할 수 없다. 학문과 배움을 중시하는 것은 객가인의 훌륭한 역사적 전통으로 대다수 토루에 있는 수많은 사당, 서재, 편액, 서화 등이 이 사실을 묵묵히 말해준다. 예를 들어 문화적 가치가 매우 높은 진성루는 팔괘의 사상과 서구 양식을 혼합하여 지은 것으로 건물 내에는 문화적 분위기가 물

---

* **天圓地方**: 하늘은 둥글고 땅은 네모남을 이르는 말

대가족이 화목하게 모여 산다.

씬 풍기며 곳곳에 대련과 글씨가 걸려 있다. 그중에는 "쉬지 말고 노력하라. 어릴 때나 젊을 때나 늙을 때나 항상 노력해야 한다(振作哪有閑時, 少時, 壯時, 老年時, 時時需努力).", "이름을 떨치는 것은 쉬운 일이 아니며 집안일, 나랏일, 천하의 일에 모두 관심을 가져야 한다(成名原非易事, 家事, 國事, 天下事, 事事要關心).", 그리고 중화민국 초년 북양 군벌(北洋軍閥) 정부의 총통인 여원홍(黎元洪)[2]의 '이당관형(里堂觀型)', '의성재도(義聲載道)' 등의 편액 글씨가 있어 진성루의 철학과 윤리를 보여준다.

신남촌(新南村)에 위치한 '연향루(衍香樓)'도 전형적인 학자의 저택으로 원형 토루이며 4층에 136칸으로 되어 있고 팔괘 사상에 근거하여 지은 집이다. 이 건물의 주인인 소(蘇)씨 가족은 근면하게 일하며 공부하는 문인 기풍이 강한 집안으로 적잖은 수재(秀才)와 관리를 배출하였다. 연향루라는 이름은 "자손이 번창하여 잘되고 문인의 가풍이 대대로 이어진다(繁衍子孫昌盛發達, 書香門第世代流傳)."에서 따온 것이다. 대문에는 '대부제'라 쓰여 있고 양쪽에는 '덕이 쌓여 집이 더욱 번창하며 장서가 많아 고풍스러운 서향이 난다(積德多蕃衍, 藏書發古香)'라는 대련이 있으며 위쪽에는 '시예전가(詩禮傳家)*'라는 글씨가 걸려 있다. 다른 토루에도 이러한 예는 수도 없이 많다. 적중진(適中鎭)의 '서

* **詩禮傳家**: 시와 예에 달통한 전문가

토루 내의 살기 좋은 미기후 환경

남정현의 회원루

운루(瑞雲樓)', 남정현 매임향(梅林鄉)의 '회원루(懷遠樓)' 등은 모두 학문과 예를 숭상하고 화목하게 같이 모여 사는 토루의 생활 방식을 보여주고 있다.

생태적 측면에서 볼 때 복건 서부의 토루는 생토 건축으로서 자연을 이용하면서 가급적 자연 파괴를 줄이려는 생태 사상이 녹아있다. 토루에는 구운 벽돌을 사용하지 않아 경작지를 훼손하지 않으며 흙에서 나와 흙으로 돌아간다. 또한 두터운 흙벽을 가진 생토 건축은 열공학적 측면에서 봤을 때 축열 능력이 좋고 단열이 잘 되는 큰 이점이 있어 실내가 겨울에 따뜻하고 여름에 시원하여 혹서, 혹한에도 사람들은 마치 봄과 같은 느낌을 받게 된다. 토루의 환형(環形) 건축 구조는 통풍에 유리한 큰 천정이 있고 문과 창문, 주랑이 서로 통하여 거주하기에 적합한 미기후* 환경을 제공한다. 민간에서는 토루를 "불길이 번지지 않고 폭격에도 무너지지 않으며 맹수가 침입하기 힘들고 지진에도 끄떡없다."며 높이 평가하는데 오늘날 현대 문명의 관점에서 보더라도 토루는 충분한 과학적 합리성을 갖고 있으며 소박한 생태 환경 보호 사상을 보여준다. 복건 서부의 척박한 생존 환경에서도 조상들은 스스로의 노력과 지혜로 '정리공생'의 정신을 담아

* 지표면으로부터 지상 1.5m 사이의 접지 기층 기후

지금까지도 여전히 신비로움을 간직한 이러한 전통 취락을 일구어낸 것을 보면 그 창조력과 개척 정신은 실로 매우 소중한 것이다.

토루 내의 화목한 인간관계를 '내화(內和)'라 한다면 토루와 외부 환경의 적절한 어울림은 '외적(外適)'이라 말할 수 있다. 이렇게 '정(情)'과 '이(理)'가 공존하고 '내화'와 '외적'을 겸비한 토루는 보는 이에게 새롭고 신선한 충격과 영감을 주기에 충분하다.

– 욱풍(郁楓) | 박사 연구생

1| **서진**(西晉, 265~420) : 삼국 시대 위(魏)나라에서 나온 사마염(司馬炎)이 세운 나라이다.

2| **여원홍**(黎元洪, 1864~1928) : 중국의 정치가. 신해혁명 때에 혁명군을 통일하여 항쟁하였다. 원세개(袁世凱) 실각 후에 대총통을 지냈다.

제9장 • 장엄하고도 아름다운 안식처

— 설역 고원의 조방(碉房)

라싸의 하곡 지대

'서장(西藏)'이라는 말은 청대 초기에 생겨났다. 원래 장족(藏族)은 예전부터 서장을 '번(蕃)'이라 불렀으며 다른 지역의 민족은 '토번(吐蕃)'이라 호칭하였다. 'Tibet'은 원래 돌궐인과 몽고인이 장족을 부르던 '토백특(土伯特)*'이라는 말이 원대에 아랍인을 통해서 서방에 전파되면서 유래되었다. 'Tibet'라는 말은 민족을 의미할 때 '장족'을 가리키며 지역을 의미할 때는 '서장' 혹은 전체 장족 거주 지역을 가리킨다. 서장 설역 고원(雪域高原)의 푸르고 드넓은 창공은 거울같이 맑으며 높은 설산들은 계속 이어져 있다. 이곳에는 웅장하고 기이한 자연 풍광뿐 아니라 사람들이 동경하는 신비한 장족의 문화가 있으며 독특한 인문 경관과 자연환경이 한데 어우러져 전체 서장 고원의 독특한 특징을 이루고 있다.

지금으로부터 3000만 년 전 이 지역에서 급격한 지각 변동이 일어나 바다가 사라지고 지표면이 융기하여 오늘날의 고원을 형성하였다. 서장 고원의 넓이는 1,200,000여 km^2에 달하며 평균 해발 고도가 4,000m 이상으로 3단계의 계단 형태로 나뉘는 중국의 지형 중 제일

* **土伯特**: 중국어로 '투보터'라 발음한다.

높은 단계에 해당하여 '세계의 지붕'이라 불린다. 서장 자치구는 지리적으로 동서 방향으로 길게 뻗어 있고 지리 유형도 매우 다양하여 산지, 고산 습지, 숲, 하곡(河谷) 지대, 습윤 지대와 건조 지대 등이 있다. 또한 고원 호수도 넓게 퍼져 있어 총 면적이 30,000km²에 달하며 중국의 전체 호수 면적의 3분의 1을 차지한다. 기후 특징의 변화도 매우 커서 한대성 고산 기후, 한온대성 아고산(亞高山) 기후, 온대성 산악 기후, 난온대성 산악 기후, 아열대성 산악 기후와 열대성 산악 기후 등이 있다.

상 니양(尼洋)의 하곡 지대

하 용포사(絨布寺)에서 바라본 주무랑마봉

설역 고원의 민족 문화와 다양한 지리적 환경, 기후 유형은 장중하고 아름다운 서장의 주거 문화를 탄생시켰다.

기나긴 역사

이곳 고원에는 이미 약 1만 년 전부터 인류가 살았던 흔적이 있다.

춤추는 모습

라싸, 딩르, 링즈, 나취 등의 지역에서는 구석기 시대부터 신석기 시대에 이르는 각종 석기, 골기와 도기가 출토되었으며 4000여 년 전에는 이미 신석기 시대로 진입한 것으로 판명된다. 서장 고원의 주택은 오랜 역사를 가지고 있는데, 4000~5000년 전에 혈거와 반혈거식의 거주지와 원시 취락이 출현하였다. 1975년에 창도(昌都)의 가약(卡若) 원시 취락 유적지가 발굴되면서 장족 조상들의 4000여 년 전의 주거 상황을 알 수 있게 되었다. 가약 유적의 전체 면적은 10,000km^{2}에 달하며 풀과 진흙을 섞은 담과 돌담으로 이루어진 두 가지 형식의 거주지 유적이 31곳, 반혈거식의 2층 요혈(窯穴)이 한 곳 발견되었고, 방안에는 화로와 아궁이가 있어 설역 고원 가옥의 초기 형태를 보여주고 있다.

서장 고원에는 대대로 장족, 문파족(門巴族), 락파족(珞巴族), 한족(漢族), 회족(回族) 등의 민족이 살았는데 장족이 총 인구의 94.7%를 차지한다. 신화에 따르면 '원숭이'와 '바위 마녀'가 하늘의 뜻에 의해 결합하여 태어난 후손이 바로 장족이다. 장족의 선조들은 야룽장포강(雅魯藏布江) 남안의 야룽 계곡에 거주하며 여섯 개의 큰 부락으로 나뉘어 수렵과 채집을 하며 살았다. B.C. 3세기 전후에 여섯 개 부락이 통일되어 '번' 왕국이 성립되었고 '서장제일궁(西藏第一宮)'이라 불리는 석조 궁전인 융부라캉(雍布拉康)이 세워졌다. 7세기 초에 송첸감포가 라싸에 천도하면서 설역 고원을 점차적으로 통일하여 강대한 토번 왕조를 세웠다. 그는 후에 장족 언어 창제, 도량형 통일, 외래문화 도입 등 일련의 문화적인 시도를 통해 철학, 역사, 문화, 건축, 예술 등 여러 방면에서 독특한 민족 문화를 창조하였다.

문파족은 예전부터 서장 고원에 모여 살던 소수 민족의 하나이다. 그들은 히말라야의 동남쪽 구석진 곳에 거주하여 이런 이름을 얻었다. 이 지역의 해발은 4,000m에서 남쪽으로 내려가면서 1,000m까지 낮아진다. '문파(門巴)'라는 말은 장족어에서 '저지대'라는 의미이다. 문파족은 고유의 언어는 있으나 문자가 없고 노래와 춤을 즐기며 풍부한 민족 문학과 연극을 가지고 있다. 음유 시인이기도 한 6대 달라이라마인 창양가쵸가 바로 이곳 출신이다. 17세기의 5대 달라이라마 시기에 편벽한 지역에 살던 일부 문파족이 동쪽의 백마강(白馬崗)*으로 이주하면서부터 문파족의 주요 거주 지역이 동과 서의 두 지역으로 나뉘어졌고 가옥의 형태도 서로 차별화되었다.

락파족(珞巴族)은 30여 개의 큰 부락을 형성하고 있으며 주로 야룽장포강이 크게 꺾여 돌아가는 지역의 남쪽에 거주한다. '락투(珞渝)', '락파(珞巴)'라는 말은 지리상으로는 장족어에서 '남방인'을 의미한다. 이들도 고유 언어는 있지만 문자는 없으며 주로 수렵, 채집이나 화전을 일구며 살아간다. 락파족의 수많은 전설을 보면 그들의 조상이 일찍이 혈거와 조거 생활을 했음을 알 수 있다. 그들이 거주하는 지역은 심산유곡으로 교통이 단절되어 있어 사회 발전이 매우 더뎠는데 1959년 서장의 민주 개혁 이전까지도 락파족은 여전히 원시적인 부

* **白馬崗**: 묵탈현(墨脫縣)을 지칭

계 사회를 유지하며 혈연관계인 씨족이나 가족 단위로 모여 살았으며 이로 인해 가옥의 형태도 독특한 형식을 띠게 되었다.

장족과 문파족, 락파족의 문화는 각각 뚜렷한 특징을 갖고 있으나 동일한 문화 유형에 속한다. 이들은 모두 '원숭이가 사람이 되고', '같은 조상', '동포 형제'라는 내용의 전설을 가지고 있으며 이 세 가지의 문화가 합쳐져 설역 고원의 전체적인 서장 문화를 형성하고 있다. 비슷한 문화적 배경과 상호 간의 문화 교류로 인해 세 민족의 가옥 형태도 서로 흡사한 경향을 갖는다. 즉 거주지의 기후와 지리 등 자연조건에 순응하고, 민족의 종교 신앙과 문화 전통, 생활 습관을 반영하며, 건축 방식에 있어서 상황에 맞는 유연한 방식을 취하고 건축 자재도 현지에서 조달하는 등 자연환경과 인문 환경이 조화롭게 상생하는 서장의 주거 문화를 만들어낸 것이다.

다채로운 민가의 형태

서장 고원은 지역이 매우 넓어 각 지역마다 지리 환경, 기후, 자원 상황이 서로 크게 다르며 각지의 생활 방식도 큰 차이를 보인다. 이 때문에 각지의 가옥 형태도 풍부하고 다채로운 면모를 가지고 있는

좌 돌로 지은 조루

우 귀족의 조루

데 대표적인 것으로 조방, 야크털 천막, 토장방, 목루, 죽루와 고원요동(高原窯洞) 등이 있다. 가옥의 건축 방식에서 보면 토축(土筑), 석체(石砌), 토석목혼합(土石木混合), 간란(干欄), 정간식(井干式)이 있고 형식은 평지붕, 경사 지붕, 혼합식 지붕으로 나뉜다. 서장 고원에 있는 다양한 형태의 가옥은 지역별로 특징을 가지고 있는데 북쪽 초원의 목축 지역은 대개 야크털로 만든 천막이고, 라싸, 시가체와 주변 지역의 가옥은 돌을 쌓아 만든 조루(碉樓)이다. 동남쪽 야룽창포강 유역의 삼림 지역의 가옥은 목가구 구조이며 서부의 아리 고원 지역에는 요동(窯洞)이 분포되어 있다. 이렇게 각 지역 가옥의 다양한 형태는 농후한 민족적 특징과 지역적 색채를 띠고 있으며 가옥의 형태, 생태(生態), 정태(情態)와 그들의 정신세계가 조화롭게 어울려 있다.

서장 북부 초원의 유목 지역에서는 일반적으로 야크털을 이용하여 실을 만들어 모포를 짠다음 이를 연결해 천막으로 만든 야크털 천막에서 거주한다. 천막의 평면은 대개 정사각형이나 직사각형이며 나무 막대기로 2m 정도 되는 구조물을 떠받치고 있다. 천막 지붕은 경사가 져 있고 위에는 검은색의 야크펠트를 덮어 놓았으며 네 귀퉁이를 야크털 밧줄로 묶어 땅에 고정시킨다. 천막 위쪽 중앙 부분에는 폭 15cm, 길이 1.5m 정도의 길고 좁은 구멍을 뚫어 놓아 채광과 통

좌 독원식 조루

우 평방독원식 가옥

좌 서장 동남부의 공포(貢布) 가옥

우 서장 동남부의 목루

풍, 환기가 잘 되도록 하였으며 작은 갈고리를 달아 날씨에 따라 여닫을 수 있게 하였다. 천막 내부 주위에는 풀과 진흙을 섞거나 흙벽돌을 쌓아 만든 40~50cm 높이의 낮은 담장이 있는데 그 위에는 곡식과 수유(酥油)*, 야크똥이 놓여 있다. 천막 한쪽에는 문을 만들어 놓는데 낮에는 문발을 양쪽으로 걷어 올려 사람이 드나들기 편하게끔 하고 밤에는 이를 내리고 밧줄로 묶어 외부와 차단된 휴식 공간으로 만든다. 천막의 문 가까운 곳 중간 즈음에는 돌을 놓고 그 사이에 솥을 놓아 아궁이를 만들었으며 아궁이 뒤쪽에는 불상을 놓는다. 야크털 천막은 촉감이 거칠고 두터운데 비바람이나 서리, 눈에도 끄떡없으며 만들기도 쉽다. 또한 천막을 치우고 옮기기도 쉬워서 언제든 이동할 수 있어 물과 초원을 따라다니는 유목민들의 생활 방식에 적합하다.

조루는 서장 고원에서 흔히 볼 수 있는 가옥 형식으로 흙과 돌을 쌓아 만들며 마치 보루처럼 생겼다고 하여 '조루'라 속칭한다. 조루는 보통 돌로 외벽을 쌓은 2~3층의 건물인데 귀족, 영주, 부상(富商)이 거주하는 조루는 대개 3층 이상이고 제일 높은 것은 5층에 달한다. 조루의 평면은 대부분 일련의 기둥 배치를 하나의 기본 단위로 하여

* **酥油**: 버터 기름

조합되며 거실은 정사각형이다. 평면 형태는 바깥쪽에 큰 방이 있고 안쪽으로 두 개의 작은 방을 끼고 있는 것이 일반적이다. 층고는 비교적 낮은데 서로 엇갈리게 배치된 방은 기하학적 형태로 맞물려있고 높낮이가 일정치 않아 질박하고도 무게감이 있다. 구조는 흙과 돌로 만든 벽과 나무로 기둥을 세운 혼합 구조로서 방 하나에 기둥이 하나씩 있어 속칭 '우산'이라 하며 바닥에는 목판을 깔았다. 흙벽돌을 쌓아 만든 담장의 두께는 대개 40~50cm, 자갈 벽 두께는 50~80cm이며 안쪽의 벽은 일정한 두께로 수직으로 되어 있는데 반해 바깥 담장은 아래에서 위쪽으로 가면서 두께가 얇아진다. 조루의 1층은 가축을 키우거나 창고로 쓰며 사람은 2, 3층에 거주한다. 2층의 베란다와 화장실은 목조로 되어 있고 벽 바깥쪽으로 튀어나와 있다. 건물은 해가 비치는 쪽으로 큰 창을 내거나 아예 전체를 유리창으로 만들어 채광 면이 넓다. 또한 창문을 대부분 중간에 있는 정원 쪽으로 개방하였고 정원 바깥으로는 작은 창과 좁은 문을 달아 바람과 한기를 차단하기 때문에 겨울에는 따뜻하며 여름에는 시원하여 고원 기후에 적합하다. 지붕은 모두 평지붕인데 현지의 풍화된 '백토'를 겉에 발라 테라스로 만들어 이곳에서 물건들을 햇볕에 말리곤 한다.

독원식(獨院式)[1]의 조루는 정원 안에 우물이 있고 화초를 심어 놓았으며 건물과 정원의 담벼락이 튼튼하여 방어용으로 쓰인다. 대형

나포임가(羅布林卡)의 달라이 라마 여름 궁전

운남 소중전(小中甸)의 장족 가옥

조루에는 방이 많은데 작은 천정을 만들어 채광이 이루어지도록 하였으며 높이 20~30m의 망루는 귀중품을 보관하거나 방어를 위해 망을 보는 곳이다. 조루의 형태는 각 지역마다 약간씩 다른데 라싸의 조루는 대개 내원회랑식(內院回廊式)[2]으로 2층이나 3층으로 되어 있으며 평방독원식(平房獨院式)[3]의 주택도 있다. 산남(山南) 지역에 사는 사람들은 야외 활동을 좋아하여 집의 바깥 복도에 개방식으로 된 생활공간을 만들어 놓았다.

서장 동남부 삼림 지역에는 많은 민족이 살고 있는데 지리 기후도 다양하고 천연 자원도 풍부하며 가옥의 형태도 매우 다양하다. 이곳은 강우량이 서장 고원의 다른 지역보다 많으며 주택은 맞배지붕 형식이 일반적이다. 삼림 지역 내의 가옥은 대부분 독립식(獨立式) 혹은 독원식(獨院式)으로 정사각형이나 직사각형의 평면을 가지고 있고 3층으로 되어 있다. 1층은 높이가 낮은데 울타리를 쳐서 가축을 기르며 2층은 생활공간으로 거실(주방 겸용), 창고, 외랑(外廊)과 화장실 등이 있고 목판으로 안팎의 공간을 분리한다. 바깥쪽 방의 실내에는 중앙에서 창문에 가까운 쪽에 있는 화로를 중심으로 주변에 탁자나 다른 가구를 놓는다. 3층의 경사진 지붕 밑의 비스듬한 공간은 다락방으로서 건초나 사료, 잡동사니를 둔다. 건물은 대개 목가구 구조이며 벽체에는 자갈, 돌조각, 조약돌, 단단하게 다진 점토, 목판, 대나무나 버드나무 가지 등을 사용한다. 경사 지붕은 산장 위에 나무로 된 들보와 서까래를 올리는데 나무가 있는 지역에서는 지붕에 나무기와를 얹고 돌로 눌러 놓아 계곡 바람에 날아가지 않도록 하였다. 혈암(頁巖)*이 있는 산악 지역에서는 혈암판으로 만든 기와를 얹어 빗물이 잘 빠지도록 하였다. 서장 동남쪽 삼림 지역의 밀림 속에는 문파족의 목루와 락파족의 목루, 죽루가 어울려 있다. 문파족의 목루는 대개 계곡 쪽을 바라보는 산간의 대지(臺地) 위에 세워져 있는데 나무 기둥을 여러 개 세워 만들었으며 아래층에는 1.5~2m 높이의 개방된 공간이 있어 가축을 키운다. 위층에는 방과 창고가 있는데 중앙에 있는 거실은 조그만 문간방을 통해 외부의 주랑으로 연결되며 거실의 양쪽은 창고이다. 전체 목루는 벽, 바닥, 지붕 모두 목재를 사용하였고 외랑에 걸쳐져 있는 나무 사다리를 통해 드나들 수 있게끔 하였다. 독립식의 문파족 가옥은 종종 담이 없는 경우가 있는데 착나현(錯那縣)의 문파석루(門巴石樓)와 묵탈현(墨脫縣)의 문파목루(門巴木樓)는 대다수가 단독 주택이 모여서 마을을 이룬 경우이다.

락파족의 전통 목루 가옥은 두 가지의 독특한 양식으로 나뉘는데 하나는 장옥(長屋)이고 하나는 방형소동방(方形小棟房)이다. 장옥은 특수한 가옥 형식으로 락파족 원시 부락 사회의 모습을 그대로 보여준다. 장옥은 길이가 몇십 m에 달하는데 여성이 거주하는 장옥은 대부분 마을 옆에 지어져 있으며 내부에는 대자리와 나무판으로 칸막이가 된 방이 10여 개 혹은 수십 개가 있다. 남자들이 거주하는 장옥은 종종 마을 중앙에 지어지며 내부에는 칸막이를 치지 않아 마을의 중요사를 논의하는 대청으로도 쓰인다. 소동방은 부부가 사는 정사각형이나 직사각형의 가정집으로 락파족 가정의 대표적인 주택으로 옆

* **頁巖**: 운반 작용으로 생성되는 퇴적암 중 입자의 크기가 63㎛(마이크로미터)보다 작고 층과 평행하게 벗겨지는 암석

에 창고가 딸려있다. 장방과 소동방은 원목을 통째로 층층이 쌓아 벽체를 만드는 정간식(井干式) 주택으로 악귀가 들어오는 것을 막기 위해 창문을 내지 않으며 건물 아래 부분에는 몇 개의 나무 기둥을 받쳐놓았고 지붕은 목판과 파초 잎으로 덮는다.

락파족 죽루의 평면은 직사각형이며 폭은 6m, 길이는 9m 정도로 입구 쪽에는 문을 하나만 달며 실내 환기를 위해 맞은편 벽면에 창문을 하나 낸다. 죽루는 돌로 기단과 벽을 쌓았고 사면의 벽에는 2m마다 나무 기둥을 하나씩 세워 놓았다. 기둥 사이에는 이중의 대나무판을 대어 벽면을 보호하고 지붕에도 이중의 대나무판을 얹었다. 전체 죽루는 마루, 들보와 기둥, 창문을 제외하고는 전부 대나무를 사용하여 지었다. 모든 죽루의 앞쪽과 뒤쪽에는 높이 세워진 창고가 있다.

설역 고원 서부의 아리(阿里) 지역과 하곡 평원 지대에 있는 가옥은 대다수가 독립식 건축으로 흙과 나무로 짓는다. 대개 이층집으로 되어 있으며 2층은 여름에 쓰고 아래층은 겨울에 쓴다. 인근의 산기슭에 있는 가옥은 요동과 일반 주택이 결합된 방식으로 앞쪽의 건물과 뒤쪽의 요동이 합쳐져 하나의 주택을 이룬다. 아리 지역에 있는 요동의 평면은 사각형, 원형 혹은 직사각형이며 그중에서 사각형 요동이 가장 많은데 층고는 2~2.2m 정도이다. 요동 주택은 설역 고원에서 비교적 보기 드문 형태이다.

귀족의 별장과 장원(莊園)은 고원 가옥의 특수한 형태이다. 별장은 대개 주루(主樓)와 전원(前院) 두 부분으로 구성되며 전체 평면은 '회(回)'자형이다. 중간에는 정원인 천정이 있으며 전원은 2층이고 전원의 북쪽에는 3층으로 된 주루가 들어서 있는데 남향으로 통으로 된 큰 창을 설치하여 실내로 햇볕이 잘 든다. 별장에는 주인이 쓰는 거실, 응접실, 불당(佛堂)과 경당(經堂)이 있고 일꾼들의 방이나 창고 등 여러 용도의 방이 더 있다. 장원 건축은 장원 경제(莊園經济)*와 공양제도(供養制度)**가 출현하면서 등장하였는데 유명한 것으로는 낭색림

---

* **莊園經济**: 장원을 중심으로 한 자급자족 경제. 장원은 봉건사회 영주들의 영지이다.

** **供養制度**: 정기적으로 신에게 공물을 바치고 제사하던 제도

(朗色林), 갑마적강(甲馬赤康), 장자(庄孜) 등이 있다. 장원의 주루는 대개 5층짜리 건물로 아주 화려하며 성벽과 해자 등 완벽한 방어 체계를 갖추고 있으며 농노를 처벌하는 감옥도 있다.

이렇게 다채롭고 다양한 설역 고원의 가옥들은 특정 지역이나 민족에 고정된 것이 아니고 지역과 민족 간의 교류와 상호 간의 영향을 통해 여러 가옥의 유형이 서로 섞이고 변화하여 다채로운 혼합 형식으로 발전하게 된 것이다. 설역 고원의 휘황찬란한 문화는 주변 지역의 문화에 풍부한 영향을 끼쳤고 장족이 각지에 정착하면서 생긴 고원 지역의 다양한 가옥들은 운남, 청해, 사천 등지의 장족 가옥의 형태에 영향을 미쳤다.

신명(神明)과 함께 사는 장소

설역 고원에 사는 민족들은 모두 종교 신앙을 가지고 있는데 이는 지역과 민족마다 서로 다르다. 이곳에는 본토 종교인 분교(苯教)*와 라마교, 그리고 여기서 파생된 여러 교파인 격노파(格魯派), 살가파(薩迦派), 영마파(寧瑪派), 갈거파(噶擧派) 등이 있다.

분교에서는 만물에 정령이 있다고 믿는다. 장족의 조상은 자연과 토템, 귀신을 숭배하였고 무술(巫術)을 신봉하였으며 산천 계곡, 숲과 조수(鳥獸) 그리고 자연 현상 모두가 이들에겐 종교 숭배의 대상이었다. 오래된 신화인 『세계형성가(世界形成歌)』의 "대붕이 하늘을 높게 받치고 있다.", "큰 거북이 음양계를 나누었다."라는 가사는 천지, 일월, 산천 등 만물이 형성된 역사를 설명해주고 있다. 장족의 기원은 미후(猕猴)**와 바위 마녀의 신화 전설에서 시작하는데 이는 일찍이 얄룽 계곡에 미후와 바위 요정을 토템으로 하는 부락 연맹이 거주했음을 알려준다. 장족의 전신산(轉神山), 돌로 쌓은 '마니퇴***', 제사 노래인 '스바'와 고유의 가면극 등은 본교의 의식과 제사 활동에서 그

* **苯教**: 불교가 서장에 전래되기 전에 널리 유행하던 장족의 원시 종교

** **猕猴**: 원숭이과의 포유동물

*** 소원 등을 빌기 위해 만트라 등을 새겨 넣을 돌을 쌓은 것

산의 입석(立石)과 비단천 하다(哈達)

신산인 남체르바와봉

기원을 찾을 수 있으며 또한 신산(神山), 신수(神水)와 신석(神石)의 전설도 분교의 신앙에 그 뿌리를 둔다.

7세기 중엽 불교가 중원과 인도에서 서장 고원으로 들어올 때 분교의 격렬한 반대에 부딪쳤는데 이 충돌은 300여 년간이나 지속되었다. 이 과정에서 불교는 분교의 신지(神紙)*와 의궤(儀軌)를, 분교는 불교의 교의를 흡수하면서 서로 융합하여 생겨난 것이 '라마교'이다. 중국 다른 지역에서 유행하는 불교와 비교해 볼 때 라마교는 뚜렷한 지역적 민족적 특색을 띠고 있으며 교리의 해석과 수련 방법에 따라 여러 교파로 갈라졌다. 각 교파는 서로 다른 지역에서 퍼져나가면서 현지 정권과 어울려 '정교합일(政教合一)'의 형태를 갖게 되었다. 분교는 민족 심성와 습속이 오랜 세월 동안 누적되며 생겨난 것이기 때문에 라마교에도 자연 숭배의 내용이 더해지게 되었다.

사람들의 종교 신앙이 얼마나 깊은지는 각 민족의 가옥과 마을에서 드러난다. 마을 입구와 중심에는 조그만 불탑이 서 있으며 집의

* **神紙**: 신불을 예배할 때 태우는 여러 가지 형태의 종이

외부에는 불교의 내용을 상징하는 장식 부호가 있다. 가옥 내부의 방 가운데에는 불당을 설치한다. 설역 고원 각지의 가옥이나 취락, 부지의 선정, 겉의 형태, 내부 장식의 설계와 건축 의식 등 곳곳에서 종교 문화의 영향이 묻어난다. 이곳의 가옥은 사람과 신이 함께 사는 장소로 꾸며진다.

일상생활의 중심이 되는 가옥 내부의 방안에서 가장 중요한 것은 남향으로 모셔져 있는 불상이다. 그 주위에는 불교의 고사와 교의가 그려져 있는 '탕카(唐卡)*', 향로와 법기 등이 놓여져 있다. 실내의 기둥, 들보, 벽, 부엌, 그리고 양모 덮개가 있는 상이나 작은 탁자, 장궤(藏櫃)** 등의 가구에는 종교적 내용이 담긴 도안이 그려져 있다. 양모양 탄자, 잔, 그릇과 같은 일상 생활용품에도 여러 종교적 문양이 새겨져 있다. 이러한 도안 중에서도 장족의 팔보(八寶) 도안인 보산(寶傘), 금어(金魚), 보병(寶瓶), 연꽃, 백고동, 길상결(吉祥結)***, 승리당(勝利幢)****, 금륜(金輪)과 불교를 상징하는 '卍' 문양이 가장 보편적으로 쓰인다. 불교에서 우주 질서를 상징하고 우주의 기하학적 모습이 투영된 '만다라' 도안은 종종 목판이나 석판, 금속판에 새겨져 방안의 벽에 걸려 있다.

가옥 외부의 정원과 건물 입구의 문 위에는 소뿔, 종교 도안, 거울 등이 장식물로 걸려있는데 이는 상징적 토템과 기복(祈福), 벽사(辟邪)의 의미를 갖는다. 가옥에 달린 장식물들은 장족 사람들의 불교에 대한 돈독한 믿음을 보여주는데 예를 들어 타루초(經幡)*****가 바람에 의해 흩날리면 경을 읽는 것과 같아 가족의 안전과 건강을 지켜주는 효력이 있다고 믿었다. 때문에 집의 네 귀퉁이와 용마루 위에는 타루초를 달고 청석(青石)으로 된 불상 부조와 6자 진언******이 새겨진 하얀 돌을 창문턱과

* 唐卡: 티베트문 음역으로서 천에 자수와 그림을 그린 것으로 한국에서는 '탱화'라 한다.

** 藏櫃: 서장에서 흔히 보이는 전통 가구로 밥을 먹거나 글씨를 쓰고 음식물이나 법기(法器) 등을 올려 놓는 실용적 가구

*** 吉祥結: 길상을 나타내는 매듭

**** 勝利幢: 의장용 군기로 불교에서 번뇌를 이기는 의미로 쓰인다.

***** 經幡: 불상이나 불경이 새겨진 오색 깃발

****** '만트라'라고 하며 불교에서 신비하고 영적인 힘을 가졌다고 생각하는 신성한 말

민가 건물과 타루초

* 경전을 새긴 통

집, 담장의 네 귀퉁이에 놓는다. 장족의 종교 신앙에서 색깔은 종교적 상징성을 띠는데 빨간색은 성격이 거칠고 급한 신령을, 흰색은 마음이 넓은 신령을, 황색과 금색은 불교와 천국의 색을 상징한다. 집의 벽체, 천막과 구재(構材) 색깔을 선택하는 데는 이러한 숭배와 신앙의 의미가 깃들어 있는 것이다.

취락에서는 마을의 입구와 중심이 가장 중요한데 이곳에는 크고 높은 하얀색의 타루초들과 불탑이 서 있으며 일상적인 종교 행사가 행해지는 장소이다. '마니차*'를 돌리는 것은 라마교의 기본 수행 방식으로 왼쪽에서 오른쪽으로 시계 방향을 따라 경통을 돌리는 예불 방식이다. 불탑의 주위에는 마니차들이 쭉 늘어서 있어 사람들이 이를 돌릴 수 있도록 하였다. 재미있는 것은 마을 안이나 부근의 물가에 개방된 작은 집을 짓고 그 안에 냇물에 의해 주야로 쉬지 않고 돌

좌 탕카

우 팔보 도안의 금어(金魚)

마을 입구의 타루초들

아가는 마니차를 설치하는 경우가 많은데 이는 마을 사람들의 행복과 마을의 평안을 기원하기 위해서이다.

산천 등 자연 신령에 대한 장족 사람들의 숭배는 건물의 부지 선정이나 건축 의식에서 드러난다. 락파족은 집을 지을 곳을 고를 때 소, 돼지, 닭을 상징하는 세 톨의 곡식에다 집안 식구들의 숫자를 합친 수량을 한 묶음으로 하여 세 묶음의 곡식을 해가 완전히 진 후에 집을 지을 후보 지역에다 각각 놓고 나무껍질과 돌판으로 덮어놓는다. 다음날 해가 뜨기 직전에 가서 관찰을 하는데 만약 낟알이 흩어지거나 낟알 가운데 개미가 돌아다니면 불길한 징조로 보며 낟알이 그대로 온전하게 있다면 집을 짓기에 적합한 장소로 보고 이를 위한 제사 의식을 거행한다.

천지(天地)와 상생하는 안식처

하늘(天)에는 맑고 흐린 사계절이 있고, 춥기도 하고 덥기도 하며, 비바람과 눈, 서리가 내리는데 이는 가옥이 짊어져야 할 '운명'이다. 땅에는 산천과 하류가 있고 기복이 있으며, 숲과 나무, 흙과 돌이 있는데 이는 가옥이 딛고 서는 '뿌리'이다. 사람은 이곳에서 살며 후손을

구획이 분명한 민가 촌락

낳고, 노동과 휴식, 의식주를 영위하는데 이것은 가옥의 '근본'이다.

설역 고원 각지의 가옥 형태는 그 주변의 지리 환경, 기후 조건, 군집 상태, 생활 방식과 사용할 수 있는 건축 자재, 건축 기술 등과 밀접한 관련을 가지며 형성되었다. 생존을 위한 공간을 제공하는 집은 자연 속에서 자연환경과 조화롭게 어울려 있는 물질적 정신적인 안식처이다.

설역 고원에 있는 가옥의 형태는 자연환경과 밀접한 관련을 맺고 있다. 지붕의 형식은 그 지역의 강우량에 따라, 벽의 두께는 기온차에 따라, 개방적이거나 폐쇄적인 구조는 일조량이나 풍량에 따라, 그리고 형태가 다부지거나 가벼운 것은 지리 환경의 특징에 따라 결정된다. 설역 고원이라는 지역적 특성으로 인해 가옥의 방은 화로를 중심으로 되어 있는데 이는 열악한 자연 조건에서 안락한 주거 환경을 만들기 위해서이다. 유목, 농경, 수렵은 설역 고원의 주된 생산 방식으로 이 때문에 사람들의 생산, 생활 방식을 반영하는 가옥도 이러한 자연환경과 밀접하게 융화되어 있으며 자연환경과 상생하는 모습을 보여준다.

천지(天地)와 조화롭게 상생하는 민가 촌락

건축 재료는 간편하고 경제적인 원칙에 따른다. 서장 각지의 가옥에 사용된 재료는 모두 주변에서 쉽게 구할 수 있는 것들로 현지에서 조달한다는 특징을 갖는다. 적절한 기술과 가공을 통해 현지의 자연에서 구한 자재로 지은 집들은 마치 자연 속에서 태어나 생장하는 듯 보인다. 가옥의 색채도 자연 그대로의 색채를 쓰는데 흙의 황색, 돌의 청색, 목재의 암갈색 등이 어우러져 집과 자연의 상생 친화적인 관계를 엿볼 수 있다. 자연의 재료와 색채로 이루어진 집은 마치 하늘이 만들어낸 듯 무게감이나 척도, 질감, 촉감, 색채 등에서 주변 환경과 어우러진 개성적 모습을 최대한 드러내고 있다.

설역 고원의 대부분 지역은 산들이 구불구불 이어져 있고 강우량이 적으며 건조하고 일조량이 많다. 또한 밤낮의 기온차가 크며 임목자원이 부족한 건조 지역 혹은 반건조 지역에 속한다. 평지붕 형식의 조루와 토장방은 주로 이러한 환경에 분포되어 있다. 두텁고 보온이 잘되는 벽은 현지의 흙과 돌을 사용하여 지었는데 돌이나 자갈을 쌓아 만들거나, 맨 흙을 다져서 올리거나 흙벽돌을 쌓아 만든 것, 흙과 돌을 섞어서 만든 것 등 여러 종류가 있다. 가옥의 기본 색조는 흙과

가옥의 자연적 색채

대지에서 자라며 하늘을 향해 솟아 있는 가옥들

돌로 쌓은 벽의 자연적인 색과 여기에 칠해진 하얀색이다. 튼실하게 지어진 조루와 토장방은 눈부신 햇살과 구름 한 점 없는 맑은 하늘 아래 끊임없이 펼쳐진 토석산간(土石山間)에 들어서 있으며 주변 환경과 한데 어우러져 있다. 또한 위쪽으로 갈수록 폭이 좁아지는 벽체는 생명력을 갖고 자라나는 듯한 느낌을 주어 마치 대지에서 생장하며 하늘을 향해 솟아나는 듯한 웅장한 아름다움을 보여준다.

서장 동남부의 야룽장포강 유역의 삼림 지역은 계곡이 깊고 숲이 무성하며 무덥고 습윤하여 비가 많이 내린다. 경사 지붕을 한 목루와 죽루는 조용하고도 여유롭게 나무와 대나무 숲 사이에 들어서 있다.

경쾌하고 가벼운 구조의 목루와 죽루는 산등성이에 남향으로 지어져 있는데 개방되고 탁 트인 형태로 되어 있어 계곡의 바람이 실내로 들어와 습하고 무더운 공기를 환기시켜 준다. 또한 지붕 처마가 길게 뻗쳐 나와 빗물이 벽에 떨어져 벽이 침식되는 것을 막아준다. 숲 속에 있는 간란식(干欄式)이나 정간식(井干式)의 목루는 현지에 널려있는 임목(林木) 자원을 건축 자재로 사용하였고 목판과 파초 잎을 지붕의 방수 재료로 썼다. 이러한 자연적인 재료와 색채로 인해 목루는 주변 자연환경과 공생하게 된다. 낙유(珞渝) 지역 여기저기에 온통 널려있는 대나무는 종류가 10여 가지 정도 되며 양도 굉장히 많아 락파족이 죽루를 짓는데 충분하게 쓸 수 있다. 서장 동남부 숲 지역의 검푸른 밀림과 바람에 흔들리는 대나무 숲 사이에 간간히 들어서 있는 목루와 죽루는 떠다니는 운무(雲霧)와 쏟아지는 빗방울과 어울려 아름다운 정경을 연출한다.

장엄하고도 아름다운 삶의 풍경

신비한 설역 고원에는 쪽빛의 하늘과 높은 설산, 푸르른 초원, 그리고 드넓은 호수가 있다. 동남부 삼림 지역에는 협곡이 종횡으로 뻗어 있고 숲이 빽빽이 들어차 있으며 가파른 폭포가 있고 구름이 걸쳐져 있다.

자연환경의 형태, 선, 색채는 민족의 성격과 정서를 반영한다. 설역 고원에 사는 민족의 종교 신앙, 감정과 이상, 생활 습관은 이들의 문화적 영혼을 구성하고 있으며 자연환경과 인문 환경이 함께 어우러져 고원 민족의 독특한 개성을 빚어내었다. 웅장하고 아름다운 산천에 대한 숭배, 천국이라는 이상향에 대한 동경, 라마교의 엄숙한 가르침에 대한 믿음, 아름다운 자연환경에 대한 존중, 조용하고 평온한 삶에 대한 이상, 그리고 라마교의 정신적 환희에 대한 추구 등이 민

랑현(郎縣)의 민가 촌락

산림 속에서 돋보이는 민가 촌락

족의 영혼에 녹아들어 장엄함과 아름다움이 병존하는 문화와 미학을 만들어냈다. 장엄함과 아름다움, 이것이 바로 설역 고원에 사는 사람들의 삶의 모습에서 진실하게 느껴지는 표현일 것이다.

서장의 가옥은 외관상으로 숭고한 아름다움과 속세를 초탈한 듯하면서도 낭만적이고 우아한 형태를 보여준다.

이곳의 도시와 거리, 마을의 조루와 토장방 사이를 걷다 보면 두텁고 튼실한 가옥과 그 소박하고도 선명한 색채에서 엄숙하고 숭고한 분위기를 느끼게 된다. 이 가옥들과 푸르른 자연환경, 나를 버리는 종교 사상이 어우러져 아름다운 삶의 정경을 만들어내는 것이다.

숲과 대나무에 둘러 싸여있는 목루와 죽루는 경쾌한 아름다움과 주변 환경과 어울리는 색채로 인해 조용하고도 편안한 경관을 보여준다. 촌락 옆에 층층이 들어서 있는 계단식 논과 어디선가 들려오는 노랫소리, 그리고 은은히 풍겨오는 술 냄새가 순박하고 정감 있는 사람들의 마음을 느끼게 해주며 아름다운 자연과 어울려 있는 삶의 모습을 만들어낸다.

계단식 논 옆의 마을

이러한 아름다운 삶의 풍경은 문파족의 시가(詩歌)인 '유랑가(流浪歌)'에서도 엿볼 수 있다.

유랑하는 자여,
곡주(穀酒)의 은은한 향을 잊지 못해 사랑하는 고향으로 돌아왔구나.
다시는 나의 집을 떠나지 않으리.
술잔을 내려놓기가 아깝구나.
다시는 타향에서 유랑하지 않겠노라…

– 범소붕(范霄鵬) | 박사

1| **독원식**(獨院式): 다른 건물과 연계되어 있지 않고 독립적으로 따로 떨어져 있는 단독 주택으로 독립적인 정원이 딸려 있다.

2| **내원회랑식**(內院回廊式): 정원이 집 가운데에 있는 합원식을 이른다.

3| **평방독원식**(平房獨院式): 단층에 앞마당이 딸린 형태를 이른다.

◉ 중국 주요 민가 위치도

우루무치
신강 위구르 자치구
감숙
청해
티베트 고유의 조루,
목루, 죽루
티베트
라싸
여강
천년의 고성
목롱방, 삼방일조벽 가옥
애뢰산 합니족 자치현
토장방, 계단식 논

흑룡강
하얼빈
내몽고
장춘
길림
심양
요녕
호화호특
북경
사합원
천진
서울
대한민국
태원
은천
석가장
하북
제남
산동
서녕
난주
섬서
산서
영하 회족 자치구
정주
서안
하남
강소
안휘
남경
합비
상해
호북
서체와 굉촌
휘주의 수향 가옥
성도
무한
항주
소흥
수향의 거리
대문과 만년대
사천
중경
절강
남창
호남
강서
귀주
복건
장사
복주
귀양
객가인의 고향
토루, 오봉루
곤명
대만
광서 장족 자치구
삼강현 동족 자치현
정양교, 고루, 간란목루
광동
광주
남녕
오읍(화교의 고향)
조루, 기루, 풍채당
홍콩
마카오
해구
해남

중국문화 9 민가

초판 1쇄 인쇄 2008년 8월 20일
초판 1쇄 발행 2008년 8월 25일
지은이 산더치
옮긴이 김창우
펴낸이 김호석
펴낸곳 도서출판 대가
등록 제 311-47호
주소 서울시 마포구 상수동 6-1 대한실업빌딩 301호
전화 (02) 305-0210/306-0210
팩스 (02) 305-0224
전자우편 dga1023@hanmail.net
홈페이지 www.bookdaega.com
디자인 · 편집 f205
교정교열 윤원영
인쇄 서강총업
용지 큐페이퍼
제본 다인바인텍

가격 16,000원

ISBN 978-89-90999-87-0 04910
ISBN 978-89-90999-79-5 04910(세트)

이 도서의 국립중앙박물관 출판시도서목록(CIP)은
e-CIP(http://www.nl.go.kr/cip.php)에서
이용하실 수 있습니다.
(CIP제어번호:CIP2008002435)